CALDERÓN DE CUERPO ENTERO

Julio Scherer García

CALDERÓN
DE CUERPO
ENTERO

Grijalbo

Calderón de cuerpo entero

Primera edición: febrero, 2012

D. R. © 2012, Julio Scherer García

D. R. © 2012, derechos de edición mundiales en lengua castellana:
Random House Mondadori, S. A. de C. V.
Av. Homero núm. 544, colonia Chapultepec Morales,
Delegación Miguel Hidalgo, 11570, México, D. F.

www.megustaleer.com.mx

Comentarios sobre la edición y el contenido de este libro a:
megustaleer@rhmx.com.mx

ISBN 978-607-310-835-5

Impreso en México / *Printed in Mexico*

En la batalla electoral de 2006, los negocios al amparo del poder, los pactos ominosos, la alteración y la falsificación de documentos, las intercepciones telefónicas, las calumnias, la difamación, las reuniones semisecretas, las secretas, y los golpes bajos de la grilla, fueron temas que ocuparon hasta los segundos de los medios electrónicos y los espacios arrinconados de las publicaciones impresas.

En los tiempos que corren se ha vuelto aún más apremiante ir al fondo de la personalidad de los hombres y las mujeres del poder. Vicente Fox fue desquiciante por su ignorancia y su afán aberrante por adornar a su esposa con los atributos que podrían llevarla a la Presidencia de la República. El país está hoy en juego y los imperativos por la verdad cobran el dramático acento de un desolador clamor.

Por estas razones no me sorprendió, pero me atrajo sobremanera, que un día llegara a mi casa, silencioso, un documento insólito. Se trataba, en primer lugar, del comprobante de una transferencia realizada a través de Banorte, por el concepto de "pago de factura", al beneficiario Hildebrando, S. A de C. V. La fecha: 28 de abril de 2006.[1]

En otra hoja destaca, en letras de buen tamaño, el nombre Hildebrando, sin apellido. Se trata de una factura expedida por la compañía de Hildebrando Zavala, cuñado del licenciado Felipe Calderón Hinojosa. En aquella época trabajaba al frente de una empresa de informática.[2]

A la derecha del llamativo nombre y en caracteres pequeños consta la dirección de la empresa Hildebrando, S. A. de C. V., sus teléfonos y asuntos menores. En cuanto al uso que debiera darse al dinero, el concepto que anota el documento es categórico y, en su brevedad, demoledor: "Captura de datos de simpatizantes de candidatos de Acción Nacional".

Por último, la factura está marcada con fecha del 19 de abril de 2006, el número 022778, y señala un importe por 10 millones 434 mil pesos.

Las sumas de rigor se consignan en el documento:

Subtotal: 10 434 000

IVA: 1 565 100

Total: 11 999 100

---

[1] Véase anexo 1, documento 1.
[2] Véase anexo 1, documento 2.

La tercera página del documento muestra el logotipo del Comité Ejecutivo Nacional (CEN) del PAN en lugar preferente. La fecha: 26 de abril de 2006. Se trata de un oficio de la Dirección de Administración y Finanzas de Acción Nacional, donde se suscribe al ingeniero Jorge Arturo Manzanera Quintana como solicitante de un cheque por la cantidad de 11 millones 999 mil 100 pesos, que se extendería a favor de Hildebrando, S. A, de C. V., por el concepto de "captura de datos". Además, se especifica el número de la propia factura que habría emitido Hildebrando (022751), y en una línea se indica: "Con cargo a: DÍA 'D'." Al lado de la firma del ingeniero Manzanera, se advierte el nombre de Arturo García Portillo como el responsable de la autorización.[3]

En la actualidad, el ingeniero Manzanera —quien fuera secretario de elecciones cuando Calderón fungió como presidente de su partido— conserva su calidad de consejero nacional del PAN.

* * *

Decidí buscar a Manuel Espino, en aquel entonces presidente de Acción Nacional. Concertamos una cita en un café de escasa concurrencia. Vi sus ojos, siempre

[3] Véase anexo 1, documento 3.

hay que mirar los ojos de los desconocidos, y empezamos a conocernos.

Le hablé sobre los documentos en términos vagos, y en términos evasivos escuché explicaciones que no me llevaban a ningún lado. No obstante, Espino era la única persona a la que podía acudir con el propósito de conocer la naturaleza y el valor de los papeles que habían caído en mis manos. Eje de la campaña electoral que tuvo a Felipe Calderón Hinojosa como candidato, no habría secreto mayor que pudiera escapar a su conocimiento.

Nos reunimos una segunda, una tercera, una cuarta, una quinta vez. Un día, de manera natural, Calderón fue el tema único. Espino me contó historias que lo llevaron a decir que el presidente se había convertido en un ser "inescrupuloso y perverso". Por mi parte, no alteré mi manera de pensar: en este sombrío 2012 Calderón pagará por los inocentes y desaparecidos de la guerra que inició un desventurado día de enero de 2007.

Sentí que avanzaba en la confianza de Espino. Su lenguaje ganaba en claridad y contundencia. Habló acerca de sus sentimientos y convicciones. Había participado en una gigantesca operación para que Calderón ganara las elecciones. Tuvo la certeza de que así cumplía con su deber como militante del partido al que había entregado su vida. Acción Nacional era su casa, su pertenencia, un hogar. Además, consideraba que habría sido impensable otro presidente que no fuera Felipe Calderón Hinojosa. Como quisiera juzgársele, era hombre de doctrina, la misma de la inmensa mayoría de los mexicanos.

El tiempo, sin embargo, no creó alianza alguna con Espino. Al contrario, Calderón se construía con lo peor de sí mismo: "Mentía, manipulaba, traicionaba. En todos sentidos, empobrecía a la República".

—Sí, don Julio —dijo Espino después de un largo silencio que me produjo expectación—, los documentos son auténticos.

* * *

A mis ojos, el asunto crecía. Andrés Manuel López Obrador había formulado una denuncia contra Hildebrando Zavala.

El 6 de septiembre de 2006, *Proceso* publicó:

Diego Hildebrando Zavala, cuñado de Felipe Calderón y socio con 18 por ciento de las acciones de la empresa de software Hildebrando, S. A. de C. V., anunció anoche que hoy demandarán por lo civil a Andrés Manuel López Obrador.

La denuncia será presentada, argumentó Zavala, por el descrédito que el candidato de la Coalición Por el

Bien de Todos le ocasionó merced a la acusación que éste hizo durante el debate televisado del martes. López Obrador sostuvo ese día que, como secretario de Energía, Felipe Calderón benefició a su cuñado con contratos por dos mil quinientos millones de pesos.

"Su dicho me ha dañado a mí, a mi familia, a mi empresa, las relaciones con clientes y con socios —aseguró Zavala—. A la fecha, el señor López Obrador no ha demostrado su dicho ni se ha disculpado. Por eso la demanda será por daño moral."

* * *

Algunos panistas salieron a la defensa de Hildebrando y después el suceso aparentemente se fue para abajo. Sin embargo, la herida nunca terminó de cerrar. El viernes 7 de octubre de 2011, el periódico *Reforma* publicó la siguiente información:

Un día después de que Andrés Manuel López Obrador se reunió con empresarios de Monterrey, el presidente Felipe Calderón arremetió contra el tabasqueño.

Al participar en un foro de la revista *The Economist*, en tono irónico, Calderón insinuó que de cara a los comicios de 2012 hay un candidato que se considera invencible, pero que a la postre ganará quien aparentemente tiene menores posibilidades.

Luego de que la sesión de preguntas le hiciera notar el caso de corrupción que protagonizó su "cuñado incómodo" en la campaña de 2006, Hildebrando Zavala, Calderón rechazó la "calumnia" que formuló entonces López Obrador.

"Con absoluta transparencia —dijo Calderón— se ha demostrado que, apenas pasó la campaña, no hubo nadie quien presentara absolutamente ninguna evidencia de lo que fue una gran calumnia, absolutamente ninguna. De hecho, la acusación que se me hacía es haber dado contratos, de manera indebida, a parientes míos, lo cual fue absolutamente falso", apuntó.

La nota de *Reforma* también consigna que —en dicho del presidente— "Hildebrando creó una pequeña empresa en su propia habitación y 10 años después había crecido".

* * *

El 20 de abril de 2009, Manuel Espino envió una carta a su relevo en la jefatura nacional del pan, Germán Martínez Cázares. En la brevedad de tres líneas lo conminaba a una reunión urgente. Se trataba de proteger la figura del presidente de la República, en el remolino de sus propios desatinos: el dinero entregado a Hildebrando Zavala y la violación a los principios de la equidad electoral en 2006.

Escribió Manuel Espino a Germán Martínez:

Germán:

Es muy importante que platiquemos a más tardar mañana, martes 21; después sería demasiado tarde para parar documentos originales que comprometen al presidente y dan la razón a Andrés Manuel.

Anexo copia de uno de los documentos en mención.

Manuel Espino

Tan sólo un día después, el 21 de abril de 2009, respondió Martínez Cázares:

Manuel:

Recibí tu mensaje del día de ayer en el que anexas copia de una factura acompañada de una amenaza. Como bien sabes, el gasto que ampara la factura se efectuó durante tu presidencia y está ejecutado por quien fuera tu tesorero, miembro del Comité Ejecutivo Nacional y actual candidato a diputado por la vía plurinominal.

Como podrás entender —en tu calidad de presidente—, el presidente del PAN no puede ni debe estar sujeto a ningún tipo de amenaza, ya sea por parte de sus militantes o adversarios.

Respecto a la reunión que solicitas, te comento que con motivo de tu mensaje, el único encuentro posible entre nosotros se dará en las reuniones del CEN, teniendo a los integrantes de ese comité como testigos de calidad.

Sin más por el momento,

Germán Martínez [rúbrica][4]

En cuanto a otro de los "documentos en mención" a los que alude Espino en su carta a Martínez Cázares, se trata de operaciones en pos de dinero destinado a la campaña electoral.

* * *

Carlos Castillo Peraza y yo habíamos dado vuelo a una amistad profunda, si la paradoja cabe. Cercana su renuncia al PAN, en abril de 1998, no ocultaba su desencanto por Felipe Calderón Hinojosa. Había sido su discípulo; de hecho lo había instalado en la presidencia del partido y de un tiempo para acá lo sorprendía como si se tratara de un desconocido. Una lenta transformación había hecho de Calderón un ser "inescrupuloso, mezquino, desleal a principios y personas".

—Cae en la intemperancia —me decía Castillo Peraza.

—Explícame —lo invitaba y provocaba—. Se dice que bebe.

[4] Véase anexo 2.

—Sobre eso no voy a hablar.

Sin embargo, uno de sus amigos del partido me confió una carta fechada el 31 de octubre de 1997, donde Castillo Peraza reprochaba a Calderón Hinojosa su conducta pública y privada:

Escribió:

[...] quería haberte dicho algo relacionado con las relaciones internacionales [Castillo Peraza ocupó durante un tiempo breve la Secretaría de Relaciones Exteriores en el Comité Ejecutivo Nacional del PAN que presidía Calderón Hinojosa] y que exige una decisión inmediata para echarlo a andar. Ahora sé que habrá que esperar el regreso de París para hacerlo; dos semanas más de retraso. También hacerte saber que me resultó doloroso que me dijeras, el día que comimos, que yo no usara el puesto "en mi beneficio personal". Ahora tengo que añadirte que me pareció desconsiderado de tu parte no haber acudido a la cita de anoche, sin siquiera haber avisado, y que me dolió y preocupó haberme enterado por boca de subalternos menores que el presidente del partido salió de la oficina "muy bien servido".

Algún tiempo después, el tema penetraría en la opinión pública. Cada vez más se hablaba sobre el problema humano del presidente de la República, trascendente para todos. Yo le miraba el rostro y creía advertir una mirada vaga. También me llamaban la atención las ocasiones en las que se llevaba la lengua a los labios. Su rostro no era el de un político que llamara a la confianza, a un quehacer común en tiempos difíciles. Se veía malhumorado, huraño; sólo excepcionalmente se le notaba a gusto, contento. Tal vez el futbol sí lo relajaba. En agosto de 2006, a unos días de que el Tribunal Electoral del Poder Judicial de la Federación (TEPJF) lo declarara presidente electo, tuvo una expresión afortunada al referirse a sus opositores, los más resueltos: "Los rebasaré por la izquierda", dijo, festejándose.

Entretanto, un coro parecía abrirse paso. México tendría un presidente de medio tiempo. Por la mañana y hasta algunas horas después, el trabajo. Por la tarde y la noche, reunión con los cercanos.

* * *

El tema del gusto del presidente de la República por la bebida lo llevaba en la mente y un día resolví abordarlo con Manuel Espino en el único lenguaje posible: la franqueza. Antes, sin embargo, conversaríamos sobre la salud física y mental de los predecesores de Felipe Calderón en el Poder Ejecutivo. Pareciera que de todos ellos no se haría uno.

Adolfo López Mateos había padecido un aneurisma que a menudo lo apartaba de su trabajo, habitante único en un cuarto oscuro que mitigara el dolor de la migraña. Humberto Romero, su secretario y amigo incondicional, velaba el sigilo sobre asunto tan serio.

Gustavo Díaz Ordaz finalmente cayó vencido por la matanza del 2 de octubre de 1968. Embajador en España varios años más tarde, no resistió a los periodistas que lo interrogaron en Madrid y tocaron el punto de la tragedia. Díaz Ordaz huyó de la embajada, algún tiempo acéfala. Después fue huyendo de la vida.

A Luis Echeverría lo extravió su megalomanía. Pretendió, en complicidad con el presidente de los Estados Unidos, Richard Nixon, sustituir a Fidel Castro como vocero de América Latina. Documentos desclasificados de la Casa Blanca muestran sin retoque a un hombre hecho para la traición.

El 30 de junio de 1982, Día de la Marina, José López Portillo hizo burla de su condición de presidente de la República y, convertido en fauno, persiguió a Rosa Luz Alegría, toda de blanco y atractiva en el sudor que la bañaba. López Portillo, atleta consumado, trataba su cuerpo como asunto de gobierno, alta prioridad en la agenda cotidiana.

Miguel de la Madrid gobernó con la flojedad de un hombre sin pasiones. Fue como el agua que se evapora al sol. Decía que, ya como ex presidente, querría asistir a los restaurantes como un sujeto bien visto, respetado.

A Carlos Salinas de Gortari lo perseguirán por siempre el asesinato de Luis Donaldo Colosio, a estas alturas enigma sin solución, y la faraónica fortuna de Raúl, su hermano mayor. Por la fuerza de los hechos no podrá decir que dejó la Presidencia con las manos limpias; tampoco olvidar que Colosio, efímero candidato a la sucesión, dijo en su último discurso que México tenía hambre y sed de justicia.

De Ernesto Zedillo destaca su indiferencia por México.

Vicente Fox, corrupto e impune, carga con el peso en toneladas del *Chapo* Guzmán. Las puertas de la cárcel de Puente Grande le fueron abiertas al capo de par en par y sólo faltó que lo despidieran con la alfombra roja que se estila en circunstancias solemnes. Fox admitió el silencio cómplice de los miembros de su gabinete de seguridad.

—Y Felipe Calderón, don Manuel.

—Platiquemos.

* * *

La voz de Espino era clara y fuerte. Con una grabadora entre los dos, narró un episodio ocurrido en 2006, cuando se desempeñaba como presidente de Acción Nacional:

"Ya en campaña, no recuerdo si habrá sido abril o mayo de 2006, fui a Ciudad Juárez a pasar un fin de semana con mi familia. Josefina Vázquez Mota, coordinadora formal de la campaña, me llamó por teléfono para convocarme a una reunión que tendría lugar al día siguiente, sábado, a las siete de la tarde: 'Vamos a reunirnos cinco o seis personas con la señora que visitamos en días pasados, en su casa, con el tema que ahí tratamos, el de candidaturas', me dijo.

"La maestra quería 15 candidaturas plurinominales, de las que encabezan las circunscripciones, así como algunas candidaturas de mayoría en distritos muy favorables, ganables para el PAN; también algunas candidaturas al Senado de la República, tanto de lista como de mayoría.

"Felipe Calderón había acordado con Elba que si el PAN le daba esas candidaturas, ella lo recompensaría con apoyos no descritos para su campaña.

"Yo nunca accedí a gestionar la asignación de candidaturas a personas del SNTE. Entonces, cuando Josefina me convoca a esa reunión, aquel sábado, yo simplemente compré mi boleto de avión, regresé a mediodía, llegué a la cita en Constituyentes cuatrocientos y algo y entré en el local que se me había indicado, un edificio muy amplio con varios pisos y jardines. El ambiente era festivo, una orquesta tocaba y la gente vestía con elegancia.

"Dudé, verifiqué que se trataba de la misma dirección que me habían dado. Era ahí. Volví a entrar, pero no encontré a las cinco personas de las que me habían hablado. Ya de salida, me alcanzó un señor y me dijo: 'Licenciado, no se vaya. Aquí es la reunión y lo está esperando la señora Gordillo'.

"Pregunté si era la reunión a que se me había convocado, pues ahí había unas 200 personas. Los señores vestían de traje, las señoras muy bien ataviadas, los meseros de guante blanco. Además, fuentes instaladas para la decoración, arreglos florales por doquier, mucho lujo. Yo iba de pantalones de mezclilla, una playera tipo polo, sin afeitar, como si se tratara de una reunión informal de fin de semana.

"Me dio pena mi atuendo. Regresé a mi coche y le pedí al chofer que me prestara un saco y una corbata, prendas que suele traer en la cajuela para las ocasiones en que me acompaña a ciertos sitios. Me puse la corbata sobre la playera y me cubrí con el saco. Nada combinaba, pero regresé a la reunión menos impresentable.

"Apenas entraba en el recinto cuando la maestra pidió a los presentes que me dieran la bienvenida con un aplauso. Estaba desconcertado, porque no era la reunión de cinco personas que Josefina me había anunciado. Elba Esther me instaló y me dijo: 'Ojalá no tarde el candidato'. Ahí entendí que Calderón también acudiría.

"Transcurrida media hora, la maestra se mostraba impaciente, nerviosa.

"—¿A qué hora llegará el candidato? —preguntó.

"—Déjeme averiguar.

"Llamé a Josefina. Le dije que ya estaba en el lugar de la reunión y pregunté a qué hora llegarían.

"—Qué bueno que ya estás ahí —me dijo—. No vamos a poder asistir porque estamos en otro lugar con el candidato, pero platica tú con la señora a ver si llegan a un acuerdo.

"Le respondí:

"—Es que la maestra no me está esperando a mí, sino al candidato. Me hablaste de cinco personas y aquí hay más de 200. Se trata de los líderes de todas las secciones del SNTE en el país, no falta ninguna sección, y además está la plana mayor del sindicato que acompaña en la dirigencia nacional a la maestra Gordillo.

"Josefina se sorprendió. Dijo que no había entendido el contexto ni las circunstancias pero que de cualquier modo no podrían ir.

"—Estamos ocupados —dijo.

"—A ver cómo le hacen —le contesté—, porque aquí ya se está generando cierta impaciencia, cierto malestar, porque esperan a Felipe. Elba Esther convocó a todos los líderes sindicales para hablar con Calderón, no conmigo ni contigo, con él.

"—Veré qué puedo hacer —dijo Josefina.

"A mi vez, le dije a la maestra que no tardarían. Ella, para contrarrestar la impaciencia de sus invitados, les pidió que se presentaran uno a uno conmigo. Había dispuesto una mesa cuadrangular, como con 40 personas por lado. Las presentaciones tomaron como media hora y no llegaban ni el candidato ni Josefina.

"Le hablé a Juan Camilo Mouriño y le pregunté qué pasaba.

"—El candidato está indispuesto —argumentó, me dio a entender que estaba en un plan alegre, tomando bebidas espirituosas—: no está en condiciones de ir —dijo Mouriño.

"Le aseguré que si no traía a Calderón, yo tendría que ofrecer una disculpa y diría que había sido un error.

"—Voy a disculpar al PAN, pero el equipo de campaña va a quedar mal —le subrayé a Mouriño.

"—Déjame ver.

"—Lo tienes que traer.

"El candidato arribó casi dos horas más tarde. Media hora antes que él había llegado Josefina. A Calderón se le notaba que había estado contento. Le habían dado café para que llegara un poquito más entero. Previamente, la maestra quiso que todos los asistentes se presentaran con Vázquez Mota para volver a hacer tiempo. Ella fue muy cuidadosa al decir que Felipe tal vez no iría.

"Cuando al fin llegó, los asistentes del snte ya no se presentaron, pero la maestra describió para Calderón quiénes habían acudido a la reunión con el propósito de apoyarlo en la campaña. Cuando él iba a hacer uso del micrófono, yo le sugerí que no agotara su discurso sin que él mismo propusiera que ya se sirviera la cena, visto que llevaban dos horas de retraso. Así lo hizo. Su discurso de campaña duró 12 minutos y en él fue generoso y cariñoso con la maestra. Ella se mostraba apenada con sus invitados.

"Calderón terminó su discurso. Yo estaba a su izquierda, la maestra a la derecha y al lado de la maestra, Josefina. En cuanto Calderón se acomodó en su asiento, me reclamó por lo bajo, airado:

"—¿Por qué me hiciste esto? ¿Por qué me traen así?

"—Yo tampoco sabía lo de Josefina —le expliqué—. Yo venía de Juárez en la creencia de que la reunión sería de cinco personas, Elba y Josefina entre ellas. Josefina debió enterarte; ella coordina tu campaña, ella lleva tu agenda. Reclámale a ella.

"Calderón no dijo nada, quizá porque entre él y Josefina estaba sentada la maestra.

"Al día siguiente, Calderón me quiso amonestar.

"—Qué mal lo de ayer —expresó, seco.

"Yo le dije, insistente:

"—Espero que le hayas reclamado a Josefina. Yo tampoco estaba enterado, volé de Ciudad Juárez y vine en la creencia de que se trataba de una reunión en *petit comité*.

"Le repetí todo esto, asumiendo que no se acordaba de lo que había pasado la noche anterior por el estado en que se encontraba. No estaba en su mejor momento porque después de su reunión con empresarios posiblemente pensó que ya no tenía compromiso de campaña y era sábado en la noche. Se fue a distraer con algunos de sus amigos o empresarios con los que se había encontrado. Y se lo tuve que repetir el domingo para que le quedara claro que ese evento había sido acordado entre Josefina y Elba Esther.

"Josefina dijo que ella no lo había entendido así, en virtud de que por teléfono no se dan detalles. Ahí Josefina mostró su falta de oficio político, su falta de experiencia y su desconocimiento del manejo político. Quizás por eso, no por aquel suceso en particular, sino por la actitud recurrente de Josefina, extraviada en la campaña, Juan Camilo Mouriño era quien definía la agenda y operaba los asuntos.

"Josefina era coordinadora de nombre. Eso lo supimos todos. Sin embargo, pronto se anunció que habría un giro en la campaña, y se cometió un craso error político. Era la aceptación de que íbamos mal. Lo ideal hubiera sido cambiar el enfoque en la lucha política sin ofrecer justificación alguna. Simplemente entrábamos en otra etapa y se acabó.

"Sin embargo, a partir de ese momento, anunció el candidato, Juan Camilo sería el coordinador operativo y la coordinadora de la campaña sería Josefina. O sea, para Josefina los oropeles."

* * *

Manuel Espino narraba y, más allá de la grabadora, yo tomaba notas: sólo en un país a oscuras podía imaginar la manera como el gobierno del presidente Calderón trasladaba fondos al PAN. Simulaba negocios redituables en el campo devastado y disponía para el efecto de dinero virtual. Éste, enviado al partido, cobraba su sentido. Metafóricamente pesaba y sonaba. Me dice Espino que cada uno de sus informes está respaldado por documentos.

En el contexto del programa de promoción de desarrollo integral del campo de la Secretaría de la Reforma Agraria (SRA), son de destacar los siguientes casos:

El grupo denominado Xochimilcas Emprendedoras recibiría 160 mil pesos a fin de poner en marcha un proyecto de giro "Pecuaria - Caprinos" (*sic*). El proyecto respondía al propósito de instalar un cibercafé, que requiere un equipo de tecnología avanzada y sólo es viable en las zonas urbanas. El grupo era dirigido por María Alejandra Velasco Ávila.[5]

Caso similar fue el del grupo denominado Canal Nacional. A sus integrantes se les dotaría con 140 mil pesos para otro café internet. También en una zona rural, sin porvenir para la iniciativa, el grupo dejó de cubrir la totalidad de los datos que acreditarían su registro de ley. El grupo lo conducía María Victoria García Gómez.[6]

Mujeres Emprendedoras, presidido por Irene Sicilia Arelio, asienta que 10 mujeres de Xochimilco recibieron 198 mil pesos para la compra del equipo y el acondicionamiento necesario para la instalación de una estética dentro de una zona indígena. El proyecto fue elaborado por el técnico Hugo Baltazar Balderas y avalado por un despacho "independiente", cuyo nombre se omite en el expediente del caso. La historia de Mujeres Emprendedoras asienta que se trata de un proyecto con giro "Pecuaria - Avícola" (*sic*).[7]

Viajando sobre Ninfas, sociedad cooperativa de responsabilidad limitada para la producción de trajineras y canoas de fibra de vidrio, fue favorecida con 435 mil

[5] Véase anexo 3, documento 1.
[6] Véase anexo 3, documento 2.
[7] Véase anexo 3, documento 3.

pesos. Sin experiencia y sin habilidades para el desarrollo, no garantiza utilidad alguna durante 10 años.

Caso parecido fue el de Paz Grupo de Producción, que recibiría 220 mil 500 pesos sin utilidad en el primer decenio de su creación.

El Invernadero San Luis Tlaxialtemalco, S. C. de R. L. de C. V., cuyo presidente es Horacio Espinosa Cruz, hizo constar en su solicitud de apoyo económico a la SRA que daría empleo a 16 socios, 13 hombres y tres mujeres. La SRA concedió su apoyo a la microempresa por 402 mil 230 pesos para la producción de flores finas.[8]

A María Alejandra Chávez Romero, representante de la Unión Nacional de Trabajadoras Agrícolas, de la calle Tlaltempa sin número, le fueron autorizados 149 mil 957 pesos.

Servicios Cocomo y López Saldaña, S. C. de R. L. de C. V., obtuvo la autorización por 360 mil pesos para procesar y comercializar amaranto, sin producir un solo centavo de utilidad en sus primeros 10 años de existencia.

Más allá de lo anterior, de Espino recibí una tarjeta rotulada: "Financiamiento al PAN". Y enseguida:

Edmundo Cervín es militante activo en el PAN. Está inscrito en el padrón que corresponde a la delegación

[8] Véase anexo 3, documento 4.

Álvaro Obregón. De la segunda administración blanquiazul recibió un encargo especial: recabar fondos para financiar al partido.

Para cumplir la encomienda, los dirigentes se valdrían de programas operados por la Reforma Agraria, idóneos para el caso. Los militantes obtendrían el dinero del erario público mediante disposiciones en efectivo provenientes de la institución gubernamental.

El procedimiento sería simple. La SRA emitió una convocatoria dirigida a los grupos que en 2008 fueron beneficiados con recursos de los programas denominados Fondo para el Apoyo a Proyectos Productivos en Núcleos Agrarios (Fappa) y Programa de la Mujer en el Sector Agrario (Promusag). La SRA extendería los apoyos a condición de participar en un curso básico de capacitación.

El curso sería impartido con el "fin de promover el desarrollo integral del campo e impulsar el avance regional en zonas indígenas, estimulando el crecimiento de cadenas productivas para mejorar las condiciones de vida en los pueblos y sus habitantes", tal y como reza el documento que tiene el nombre de la SRA en el borde superior izquierdo y el escudo nacional en el derecho.

Las instrucciones del formulario que debía llenarse como requisito eran sencillas: tachar con una cruz el recuadro que correspondía a Fappa o Promusag, según fuera el caso. En una lista de asistencia, de su puño y letra, los interesados darían nombre a su grupo de trabajo, anotarían el nombre completo de cada integrante, el cargo dentro del mismo, teléfonos, correo electrónico, estado, municipio. Asimismo, se consignaría el nombre y los apellidos del responsable por la SRA (llamado "guía CASS"), fecha y hora de la capacitación y sede de la misma; los apoyos se otorgarían mediante la presentación de recibos de honorarios. Es de destacarse que, de acuerdo con los expedientes de los grupos favorecidos, Edmundo Cervín se desempeñó como "guía CASS" de Xochimilcas Emprendedoras, Canal Nacional, Mujeres Emprendedoras y del Invernadero San Luis Tlaxialtemalco.[9]

Los participantes, reales o imaginarios, de estos cursos, debían pasar lista anotándose en formatos rudimentarios, presentados en fotocopias, donde habían de evaluar la capacitación recibida contestando seis preguntas básicas con opciones para bien, mal o regular.

Las preguntas eran las siguientes:

1. *¿Le explicaron claramente el propósito de la reunión?*

2. *¿Los temas vistos le ayudarán a mejorar como grupo?*

[9] Véase anexo 4.

30

3. La forma en que le explicaron los temas fue…

4. ¿Qué actitud mantuvo el guía CASS durante el curso/taller?

5. El material presentado fue entendible…

6. Las instalaciones fueron adecuadas…

Cabe mencionar que al final del cuestionario hay un recuadro que dice a la letra: "Si tiene algún comentario o sugerencia, favor de escribirlo". De los más de 500 cuestionarios que componen el archivo, sólo algunos tienen observaciones escritas. Al final de la hoja puede leerse claramente: "Su opinión cuenta. ¡Gracias!"[10]

Así, en listas interminables, los centenares de miles se sumaban a los centenares de miles, y los millones a los millones.

* * *

En nuestros prolongados encuentros, un día Espino me sorprendió:

—Quiero que cambiemos los papeles.

—No le entiendo.

—Usted es el político y yo el periodista.

—No me hallaría en ese papel.

—Le preguntaría por la traición y qué tanto sabe de ella.

---

[10] Véase anexo 4, documento 5.

—Le respondo a condición de que recupere mi carácter de periodista.

—Está bien.

—Tengo algunos textos escritos sobre el tema. La próxima semana le traigo uno.

El texto dice:

Animal voraz, el cáncer había devorado a mi madre. De estatura media, con dificultad alcanzaba los 39, 40 kilos de peso.

En la casa habíamos adaptado para ella una pequeña recámara, una mesa con cuatro sillas y un baño. No habría manera de imaginar sobre su cuerpo la turbulencia de la regadera. Una enfermera la confortaba con agua de colonia.

Llevo en la memoria el hilo delgado de su voz:

—Hijo, llévame al baño.

La cargué y ya en el baño me dijo:

—No te vayas, quédate conmigo.

Yo sabía de su temor a un desmayo y la pérdida de la conciencia para siempre.

De regreso a la cama, inició un diálogo inesperado:

—Hijo, ¿cuántos amigos tienes?

—Déjame contarlos. Yo diría que 11.

—Yo voy a morir con dos.

—¿Once son muchos?

—Nadie los tiene.

Con el tiempo comprendí a mi madre: me prevenía contra la traición.

El presagio de mi madre se cumpliría cabalmente. Al cabo de los años habría de toparme con la traición, devastadora como un asesinato.

* * *

Arturo Sánchez Medina, linotipista de *Excélsior*, tenía bien ganada fama como persona íntegra, un trabajador eficiente. Era flaco y erguido, el negro cabello dividido en dos. Sus ojos, negros también, transmitían cierta nostalgia, tan parecida a la desolada placidez. Era estrecho de hombros, pálido, sin sol.

En los hechos, miembro permanente del Consejo de Vigilancia, hablaba por igual a favor de todos los cooperativistas, incluidos los reporteros. Sabiamente ocultaba su predilección por los linotipistas y los trabajadores de las rotativas.

Él y yo nos veíamos en las reuniones del Consejo de Administración. Éramos afectuosos el uno con el otro, pero nos llenábamos de fórmulas, la educación formal que congela la espontaneidad.

—Pase, don Julio.

—Después de usted, don Arturo.

—Le ruego.

Un día, sorprendentemente, nos invitó a Susana y a mí a cenar a su casa. Vivía en un piso alto de la calle de Bucareli, a corta distancia de la sede del diario, en Reforma 18. El departamento se mantenía en los límites estrictos de la sencillez. Ausente el lujo y todo en un orden escrupuloso, invitaba al bienestar.

Primero en la sala, luego en la mesa del comedor, después nuevamente en la sala, presente el hijo mayor del matrimonio, Raúl, mantuvimos horas de conversación. El tema lo ameritaba. Arturo estaba enfermo del corazón y enfrentaba una disyuntiva: la cirugía de alto riesgo o la vida en silla de ruedas.

—Opérese, don Arturo. No sacrifique a su familia, a usted mismo, a todos. La última razón para vivir es el tiempo sin sentido. Durar, simplemente.

Volaron las ideas y los miedos. Yo escuchaba a la señora de la casa decir que la vida está acá, de este lado, y la muerte allá, Dios sabría dónde. Además, acá siempre habría un lugar para la esperanza.

Por mi parte decía que la muerte es un suceso de todos los días, no una tragedia, y así habría que mirarla. Tragedia —agregaba— era la muerte de un niño abandonado al frío o la mujer sacrificada por un violador siniestro.

En un momento, todos nos detuvimos en el rostro de Arturo:

—Me opero —dijo.

Director general de *Excélsior*, nada se me negaba entonces. Acudí al licenciado Arsenio Farell, director del Seguro Social, y le pedí un cirujano y un cuarto para el trabajador de la cooperativa. El resultado de la operación culminó en un éxito.

El día de la asamblea que a muchos nos echaría a la calle, la jornada aquella del 8 de julio de 1976, observé que Sánchez Medina se apartaba lentamente de su silla. Llegaba su turno de firmar como asistente a la reunión multitudinaria, poblada por guaruras del jefe de la policía metropolitana, Arturo Durazo Moreno, un asesino.

Avanzaba como si cuidara sus pasos, el rostro grave. Lo miré con el gusto de quien se dispone a un buen momento, ostensibles los signos de la asonada infame. Dándose su tiempo, ascendió el par de escalones que lo situarían a muy corta distancia del sitio que yo ocupaba en la ancha y larga mesa del presídium.

—Arturo… —le dije en el tono de voz que subraya el afecto.

—Me das asco —escuché.

* * *

Otras sorpresas me aguardaban. Llegó un día en que Pedro Ferriz de Con difundía por radio que yo era un periodista con millones de dólares en bancos de los Estados Unidos. Refuté el infundio sin problemas y el locutor se vio obligado a la retractación pública.

Antes de que firmara la denuncia por difamación en contra de Ferriz de Con, Raúl Sánchez Carrillo, su amigo y colaborador, hijo además de Sánchez Medina, aludió al mismo tema y por ahí apareció la palabra *narcotráfico*. No me fue posible demandarlo por la torpeza de sus insinuaciones y la vaguedad de un lenguaje viscoso.

Tiempo después, Raúl y yo coincidimos en el hotel Camino Real, sobre la calle de Mariano Escobedo, en la ciudad de México. No me sorprendió que se aproximara al sitio donde me encontraba.

Amable, sonriente, aventuró la pregunta:

—¿Me reconoce, maestro?

El sarcasmo fue inevitable.

—¿Cómo podría olvidarlo, don Raúl?

—Gracias, maestro.

* * *

Monólogo y diálogo a la vez, expresa Espino:

"—Felipe, ¿qué es lo que no te cae bien de mí? Estás en tu derecho de no congeniar conmigo, pero a lo que no tienes derecho es a estarme agrediendo o a inventar cosas, que hasta tu esposa desmintió. ¿Por qué ese afán de mentir? A lo mejor no coincidimos en las formas, en la visión. Te propongo que intentemos ponernos de acuerdo a la luz de los principios que nos unen. A ti te formaron, como a mí, familias católicas, familias parecidas, familias unidas, tu papá…

"Ahí cesó lo que yo había interpretado como dos lenguajes en uno:

"—No me hables de mi papá.

"Vi a Calderón descompuesto.

"—Mejor vámonos.

"Y nos fuimos.

"Al día siguiente sesionaría el Comité Ejecutivo Nacional. Yo no me sentía bien. Me dirigí a la oficina del entonces presidente del PAN, Luis Felipe Bravo Mena, y le dije:

"—Ando mal, un poco indispuesto. Te lo anticipo porque el secretario general es el que lleva la reunión, el que la conduce. Te lo digo para que nos vayamos despacito.

"Le platiqué todo, que Felipe Calderón estaba enojado porque quería que el secretario general del partido fuera Germán Martínez. Calderón me había echado en cara que hubiera aceptado la secretaría general. Le respondí que el presidente del partido me había invitado a ocupar ese puesto y que sólo a él correspondía nombrar a las personas que se desempeñarían en los diferentes cargos del comité.

"—Es que no me avisaste —había exclamado Calderón.

"—¿Y por qué te tendría que avisar?

"—Eres de mi grupo parlamentario.

"—Eso no implica que tuviera que consultarte mis decisiones políticas.

"Calderón le había pedido a Bravo Mena que nombrara a Germán como secretario general, pero los sucesos no marchaban por ahí. Germán se encontraba en España en la creencia de que la secretaría general sería para él. Pues no. Se trataba de que fuera el director de la fundación del partido, la Fundación Rafael Preciado Hernández. Germán se sintió engañado.

"Bravo Mena se lo aclaró enseguida, preguntándole en qué momento lo había invitado para que aceptara la secretaría general. Y se lo aclaró porque yo le pedí que lo pusiera en su lugar, pues Germán estaba también muy agresivo conmigo.

"Bravo Mena nos reunió a los dos y le explicó a Germán: 'Yo te invité a mi equipo, pero nunca te dije que a la secretaría general. Felipe me había pedido que te diera ese nombramiento, pero tampoco a él le dije que lo haría. Sólo le dije que lo consideraría'."

Termina una prolongada conversación en nuestro sitio ya habitual:

"Ése es el gran enojo de Felipe Calderón con Manuel Espino".

* * *

Me pesa el lenguaje y las escenas que describe Espino sobre la mesa del restaurante semivacío. Su relación con Calderón se fue degradando hasta el rompimiento definitivo. Dice:

"El gusto por la bebida es viejo en el presidente. Le ha hecho daño a él en lo personal y al país. Voy a ocuparme con usted de hechos públicos. No se me ocurriría mentir o difamar; mucho menos calumniar.

"En mi condición de diputado federal [2002], se me presentó la oportunidad de acceder a la secretaría general del Comité Ejecutivo Nacional del partido. Al aceptar el nombramiento, la diputada suplente tomó mi lugar. En ese entonces ya tropezaba mi relación con Calderón. Sin embargo, él la complicó aún más al divulgar falsas historias sobre mi persona. Un día decidí buscarlo en la Cámara de Diputados. Lo confrontaría:

"—Estás diciendo muchas pendejadas acerca de mi persona y eso no se vale —le dije—. No quisiera faltarte al respeto ni que llegara el día en que tuviera que darte un chingadazo."

—¿De qué asuntos se trataba? —inquirí con Espino.

"Calderón aseguraba que yo cobraba en la Cámara de Diputados y tambíen como secretario general del partido. Le reclamé. Se sostuvo en su dicho. Le expliqué, pausado hasta donde me fue posible.

"Mi suplente era originaria de ciudad Obregón, yo vivía en Hermosillo. Contaba con una pequeña oficina y una secretaria. A mi suplente le pedí que le mantuviera un sueldo por el tiempo que restaba del periodo legislativo, unos meses. También le pedí que la ayudara con un boleto de avión al mes. Calderón llegó a decirme que a la diputada suplente le aceptaba dinero de su dieta.

"También decía que yo me promovía como posible coordinador parlamentario en la Cámara de Diputados, en el caso de que él se lanzara como candidato al gobierno del estado de Michoacán. El propósito me parecía claro: suscitar recelos, agitar la grilla.

"Le propuse que platicáramos. Me invitó a cenar a la Barraca Orraca, un restaurante ubicado en Insurgentes Sur y Eje 5. Era cliente del establecimiento al que asistía regularmente con sus amigos: Juan Camilo Mouriño, Alejandro Zapata, Francisco Blake, Cuauhtémoc Cardona y Jordy Herrera.

"Instalados en la Barraca, solos, pedimos, a instancias de Calderón, la primera bebida. Y luego otra y otra. Yo le seguí el paso y le hice al valiente, pero no pude alcanzar el mismo ritmo.

"Ahí empecé con un reclamo: por qué hablaba de una novia que nunca existió. Me dijo que había sido don Luis H. Álvarez el autor de la versión. Y remató:

"—Y tú sabes que él tiene autoridad.

"—Ah, lo dijo don Luis, pues ahora le reclamo por teléfono —y le dije a Calderón que lo llamaría de inmediato.

"No fue necesario. Me pidió disculpas y aseveró que un grupo de panistas platicaba en una reunión donde participaba Luis H. Álvarez, pero que él nada había dicho a propósito del asunto."

Continuaron los reclamos, apuntó Espino:

"—Tú dijiste que yo pretendía ser coordinador parlamentario, que ambicionaba mucho poder. Felipe, yo no dije eso.

"—De buena fuente sé que lo dijiste.

"Cuando la versión salió publicada en varios medios, hasta en *Proceso*, me parece, yo me sorprendí. Llamé a Jordy Herrera, su agregado de prensa en el grupo parlamentario, para indagar de dónde provenía la versión de que yo me apuntaba como relevo de Calderón en caso de que fuera candidato al gobierno de Michoacán. Herrera admitió que Felipe le había dicho que 'soltaran' la versión.

"—Fue Jordy el que me lo contó, Felipe.

"—Yo no le tengo confianza. Es un muchacho mentiroso.

"—¿Me crees?

"Sin más, le hablé a Jordy y le dije que en esos momentos me encontraba con Felipe, quien reclamaba mi autopromoción en el PAN.

41

"—Jordy, tú me dijiste que él te lo dijo. ¿Es así o no? —Jordy asintió—. Te paso a Felipe por el teléfono."

Continuaba la discusión esa noche larga. Cuenta Espino que Calderón le dijo:

"—Como secretario general del PAN has tratado muy mal a Margarita [Zavala].

"—¿En qué consiste el maltrato? Siempre le doy su lugar. Ella es la secretaria de Promoción Política de la Mujer. No tiene de qué quejarse.

"—La tratas muy mal, eres indiferente. No le das apoyo.

"Discutíamos otros temas y no sé a qué hora o cuánto tiempo después de nuestra última discrepancia, llegó Margarita Zavala. Yo le había dicho a Felipe que ya era hora de que nos fuéramos, pero él quería seguir bebiendo.

"Dijo Margarita:

"—Felipe, te he estado buscando. No te reportas, tu chofer me dice que no me puede decir dónde estás. Lo forcé a que me diera tu paradero y por eso estoy aquí. Ya habíamos quedado en que no ibas a tomar.

"—Perdóname por haber venido a platicar con tu marido, Margarita. Ya hemos hablado. Te ofrezco una disculpa, no era ésa mi intención.

"—No te preocupes, Manuel.

"—Discúlpame, pero ya estás aquí, Margarita. Felipe dice que yo te trato mal en el comité ejecutivo del partido, que no te doy tu lugar, que no te apoyamos. ¿Te hemos faltado en algo, Margarita?

"—¿De dónde sacas tú eso? —Margarita voltea hacia Felipe y le dice—: ¿cuándo me he quejado yo?

"Y abandona el local."

* * *

Espino:

"Mayo, 2006. No lográbamos remontar en las encuestas. Eso le generaba una gran presión al candidato Calderón. Sostuvo varias reuniones —sobre las que yo me enteré después de que habían tenido lugar— para definir una estrategia que permitiera al equipo de campaña un incremento favorable en la intención del voto.

"A esas reuniones acudían Felipe, Juan Camilo, Josefina Vázquez, Héctor Larios [coordinador de los senadores del PAN], Rafael Jiménez [el que le hacía las encuestas y decía qué hacer y qué no hacer para repuntar en esas mediciones] y algunos asesores extranjeros como Toño Solá. El equipo planeaba cómo lograr que las televisoras ayudaran al candidato, pues en ese momento no estaban bien con él.

"En dichas reuniones se concluyó que había que consentir a las televisoras y que podría resultar efectivo que prosperara la 'Ley Televisa', cuyo dictamen estaba pendiente en la Cámara de Senadores. Sin embargo, nada de esto podría lograrse sin Héctor Larios y el presidente del PAN, que en el partido es visto como el jefe de las bancadas en el Congreso.

"En la bancada había resistencia a tan delicado asunto. Javier Corral tenía muy claro que esa ley sólo iba a fortalecer a las televisoras. Héctor Osuna, inmerso en temas de comunicación, también se oponía. Y así otros que sumaban mayoría entre los senadores panistas.

"En semejantes circunstancias, con la situación adversa en las encuestas y las televisoras ostensiblemente distantes de Calderón, el candidato y su grupo debían recurrir al presidente del partido para que convenciera a los senadores reacios al proyecto, ya a la vista las elecciones.

"Supe después que hubo al menos dos reuniones en una casa solitaria, misteriosa, destinada a las reuniones privadas, casi secretas. Quedaba por el rumbo de Las Lomas, hacia la salida a Toluca. En una tercera reunión, en la que conocí la casa, se me comunicó la urgencia de hablar con los senadores del PAN, firmes en su postura.

"La ley le causaría un grave daño al país, dado que fortalecería a las televisoras. Corríamos el riesgo de vivir en un Estado donde su poder rebasara incluso al propio Poder Ejecutivo. Felipe Calderón era consciente del riesgo, pero afirmaba que se trataba del único camino para que las televisoras apoyaran al candidato.

"—Te toca a ti, como presidente del PAN, convencer a los senadores —me dijo Felipe.

"—No lo voy a hacer, y si quieres que eso prospere, tú plantéaselo a los senadores, tú diles por qué te interesa. Yo no estoy de acuerdo.

"En la discusión surgió una nueva vía a fin de que los senadores avalaran el proyecto. En cuanto Calderón ganara la Presidencia de la República, la devolvería al Senado. La trama correspondía a la naturaleza de Calderón. Con el tiempo sabríamos que engañaba a los senadores de su propio partido.

"Finalmente yo accedí y le dije a Calderón:

"—Tú te comprometes a regresar el proyecto al Senado para que no se apruebe, pero antes hay que hablar con Fox: primero, para que no la promulgue, y luego habría que hablar también con los senadores. Pero con los senadores yo no voy a hablar solo. Debes hacerlo tú también. Yo no voy a ser el presidente del PAN que destrabe ese proyecto de dictamen a contrapelo del grupo parlamentario. Si tú crees que hace falta, plantéalo.

"No quiso. Finalmente consintió en que fuera Josefina la que emprendiera la gestión del caso. Acordamos vernos para posteriormente platicar con los dueños y los directivos de las televisoras. La reunión fue en la casa de Bernardo Gómez. Estuvimos presentes Emilio

Gamboa, entonces coordinador de los senadores del PRI, Héctor Larios, Josefina Vázquez Mota y yo. Por TV Azteca estuvo Jorge Mendoza Garza, quien ahora es senador de la República por Nuevo León.

"En la junta hablamos de emprender un trabajo compartido PRI-PAN a fin de que saliera la iniciativa. Para que el asunto prosperara tenían que participar las dos bancadas. Se hizo el compromiso: cada quien por su lado se encargaría de cumplir con la responsabilidad compartida.

"Llegó el día de la reunión con los senadores. Habían transcurrido a lo sumo cuatro o cinco días de mi reunión con Calderón y su equipo. Antes de la reunión con los senadores, ese mismo día, quedamos Josefina y yo de reunirnos en un café, el Miró, del hotel Meliá, frente al Caballito. Acordaríamos los términos en los que, ambos, haríamos el planteamiento a los senadores para poner punto final al asunto.

"Fui a la cita y ella me alcanzaría, pero no llegó. Sufrí un engaño menor, pero engaño al fin. Hablé con los senadores, mas dejé claramente establecido que se trataba de apoyar al candidato, petición expresa de su equipo de campaña.

"Los obstáculos los habíamos ido venciendo, uno a uno. Faltaba, sin embargo, el último paso: Vicente Fox.

"No recuerdo si Fox promulgó la iniciativa. De lo que estoy cierto es que Felipe Calderón, una vez instalado en la Presidencia de la República, no quiso regresar al Senado la enmienda, en los hechos, contrariando al mismo Fox. Tal vez había llegado a acuerdos con las televisoras y lo presionaban para que dejara el asunto en el estado en que se encontraba. Yo reconozco haberme prestado a la maniobra, pero había confiado en el candidato, y además, era muy fuerte la presión del equipo de campaña, que me acusaba de no apoyarlo, hecho falso y de fácil refutación.

"A Fox se le ha señalado como responsable de la 'Ley Televisa'. No es así. El autor fue Calderón Hinojosa.

"Lo anterior no quita que el decreto releva a las televisoras de ceder el 12.5 por ciento de su tiempo al Estado ni que Marta Sahagún lo haya celebrado como una victoria personal".[11]

* * *

Cuenta Espino:

"Desencuentros entre Felipe Calderón y mi persona determinaron que a la postre no pudiéramos entendernos. Uno de los más importantes ocurrió cuando yo buscaba la jefatura del partido, ya a la vista la campaña electoral por la Presidencia de la República.

---

[11] La "Ley Televisa" se publicó en el *Diario Oficial de la Federación* el martes 11 de abril de 2006.

"Calderón me había dicho entonces:

"—No vayas, bájate. Tú y los demás tienen que declinar.

"Éramos cinco los aspirantes: Juan José Rodríguez Prats, Germán Martínez, Carlos Medina Plascencia, Alejandro Zapata Perogordo y yo.

"Calderón ya había convencido a Medina de que desistiera como candidato a la Presidencia de la República, y que buscara la del partido. Argumentó que ninguno de los aspirantes teníamos la estatura política necesaria ni la autoridad moral suficiente para dirigir al PAN y una campaña por la Presidencia. En cuanto a Germán Martínez, no había tenido problema. Era su empleado.

"Los cinco fuimos convocados por Luis Felipe Bravo Mena, entonces presidente del PAN a una reunión amplia. Trataríamos los dos eventos. Estuvieron presentes, además de nosotros, Francisco Barrio, Santiago Creel, Alberto Cárdenas y, por supuesto, Felipe Calderón.

"Ahí, en la junta, Carlos Medina anunció que declinaba su pretensión como aspirante a la Presidencia de la República e iba por el PAN. Se congratulaba por su decisión y pedía a todos que fuéramos por el mismo camino en bien de la unidad del partido.

"No hubo quien cediera. Yo le dije a Calderón que al único al que reconocía su experiencia para dirigir el partido era, justamente, él. Dije también que si él declinaba como aspirante a la Presidencia de la República, yo declinaba, a mi vez, a dirigir el partido.

"La reunión fue un fracaso. Calderón se quedó muy molesto y todavía me insistió en una reunión privada para que declinara. Yo le dije que iba a ser un privilegio competir con quien se me pusiera enfrente, y que yo iba.

"Fue entonces cuando accedí definitivamente a la petición de mis amigos para que contendiera por el partido. Una vez que me registré, Felipe integró una cargada en mi contra. Participaron personajes muy conocidos, entre ellos don Luis H. Álvarez, partidario, además de Carlos Medina.

"En su condición de candidato a la Presidencia de la República, y ya siendo yo el presidente del partido, un día Calderón me invitó a cenar al Estoril, en Polanco, y me dijo:

"—Manuel, pues yo tengo mano en el partido. Soy el candidato presidencial y necesito que cambies a tu secretario general, al tesorero, al secretario de elecciones, al de organización… y que pongamos a otros.

"Calderón ya traía sus propuestas para incorporarlas al Comité Ejecutivo Nacional. Le dije:

"—¿No quieres que cambiemos también al presidente del PAN? Esos cargos que mencionas los nombra el presidente del partido y no voy a cambiar a uno solo. Tú fuiste nuestro presidente y bien sabes que a él le corresponde nombrar a las personas de su equipo.

"Cambiamos un 'sí' y un 'no'.

"—No confío en ellos —me dijo.

"—Yo sí —contesté.

"Le aseguré a Calderón que le iba a responder en la campaña, pero no le iba a dejar la tesorería nacional.

"—Nombra a un tesorero de campaña, pero nombra a una persona que autorice las peticiones de recursos, que firme y luego justifique con facturas.

"Total: Calderón nombró con mi consentimiento a un secretario general adjunto [César Nava], al representante frente al IFE, que fue Germán Martínez. Tesorera de la campaña fue Gaby Ruiz, ahora senadora. Autorizado para pedir dinero al partido estuvo Jorge Manzanera, el mismo que al final de la campaña liberó cheques, porque ya no tenían fondos, a los comités estatales. Yo tuve que pedir dinero por fuera para respaldar esos cheques. Ese Jorge Manzanera es el que se gastó más de 400 millones de pesos que no se justificaron. El consejo nacional decidió darle carpetazo al asunto para no meterse en complicaciones."

Sigue Espino:

"Ese mismo Jorge Manzanera fue el que pidió dinero para dárselo a la empresa de Hildebrando Zavala, a fin de que captara datos de padrones de Sedesol. De eso yo me di cuenta cuando ya se había entregado el

50

reporte al IFE. Fue así porque aparecieron facturas de la empresa de Hildebrando que fueron sustituidas por el equipo de Calderón en la campaña. Se trataba de que el IFE no se enterara a través del informe. Las dejaron sin validez jurídica, pero conservan un valor político.

"A la postre resulta que Andrés Manuel tenía razón y que, efectivamente, Hildebrando, la empresa propiedad de los hermanos Zavala, sí había hecho ese trabajo. Me acuerdo de una factura de más de 11 millones de pesos. Había varias más."

* * *

Transcurrieron unos días y Espino y yo volvimos al lugar de siempre. Antes de iniciar nuestro trabajo, apagada la grabadora, solíamos platicar. El tema no era necesariamente la persona de Felipe Calderón, pero sí la política y su desastre.

Javier Sicilia nos conmovía. Entre los dos, yo tenía más que decir acerca del poeta, amigos como somos. Lo recordé en Cuernavaca el día de mi pésame, expresado con lágrimas que no mojaron las pupilas. Resultaba quemante la serenidad de Javier. Lloraba y no lo advertía, pues varias veces le pedí que se llevara el pañuelo a la nariz.

Seguí con Sicilia y su lucha sacrificada y conmovedora. Pensaba que debió comenzar la "caravana" ya famosa por la justicia y no por el amor. Discutimos y uno y otro nos sostuvimos en nuestros puntos de vista.

La concentrada atención de Espino me movía a continuar. Le conté que al lado de Vicente Leñero y Enrique Maza, los cuatro nos reuníamos en *Proceso* para hablar sobre Dios y la muerte. De ahí surgió una historia que guardo en uno de los cajones de mi escritorio. Ésta es.

Víctima del Alzheimer, mi padre padeció una larga agonía. Niño a los 70 años de edad, se llevaba continuamente la mano derecha al sexo y sus ojos moribundos brillaban a la vista de un pastel de chocolate. Impedido para alcanzar el baño, privado para el movimiento en un sillón o en su cama de hospital, engordaba con las horas. Mi padre ganaba peso al mismo tiempo que mi madre lo perdía. Cada día más débil, su sonrisa desaparecía en un rostro dolorosamente afilado.

En la habitación que le había sido asignada a mi padre, en el segundo piso del Hospital 20 de Noviembre del ISSSTE, mi madre, mis hermanos Hugo y Paz, Susana y yo, nos alternábamos para velar la noche junto a lo que restaba de un hombre bueno. Durante ese lapso permanecíamos uno a uno con los ojos en la corriente de oxígeno que fluía de enormes tanques verdes hasta sus pulmones deshechos.

Padezco lo que se llama "oído duro", incapacitado para escuchar la pureza cristalina del sonido. Mi padre, "papi" en el lenguaje infantil, había descubierto para mí el universo inefable de la música. Fue un tiempo de una intensidad que no volvería a vivir. Juntos seguíamos a Beethoven, Brahms, Mahler, Chaikovski, Debussy, invisible la batuta milagrosa que nos conducía por el pentagrama.

"Mami", a su vez, había permanecido cerca de mis lecturas. Adolescente, la recuerdo solícita, amorosa. "No leas a Pierre Loti. Excelente como es, sus libros los disfrutamos sobre todo las mujeres", me aleccionaba. Ponía hincapié, toda su pasión, en los escritores del siglo XIX: Dostoievski, Tolstoi, Victor Hugo.

Una noche, llegado mi turno de guardia, advertí con la claridad de la certeza que mi padre arrastraba a mi madre a un fin prematuro e injusto. La llevaba consigo y los enterraríamos juntos, pensé. Sin oxígeno, cortado el paso del aire puro a un organismo exhausto, mi padre debería expirar en ese momento. Me puse de pie, dispuesto a desprender de su enchufe el delgado tubo que aborrecía como a un ser vivo. Unos segundos y ya, me dije. Descansaremos todos.

Temblorosas la piernas, vencido, volví a la silla sin brazos y de respaldo recto, deliberadamente incómoda para mantener el sueño a distancia. Frente a un anciano que moría, solos él y yo, le recriminaba la fuerza de su corazón.

Tiempo después hice partícipes de la pequeña historia a Vicente Leñero, a Enrique Maza y a Javier Sicilia. Íntimos como somos, les dije que posiblemente la educación religiosa y las dogmáticas certezas juveniles de hacía ya tantos años habían detenido mi mano en el momento decisivo.

—No —me dijo Vicente—. Mantuviste el oxígeno conectado a tu padre porque eres ateo.

Javier fue terminante:

—La disyuntiva es clara: Dios o la nada. Me quedo con Dios.

—Te equivocas, Vicente. Me tengo por agnóstico. No niego ni afirmo la existencia de Dios. Digo, simplemente: no sé.

Rotundo como es, Vicente repuso que en mi circunstancia él no habría vacilado en concluir con una vida ya terminada que tanto daño causaba. Consideraba que Dios, el dios del amor y la misericordia al que se había acogido desde niño, no podría haber consentido tamaño mal. La decisión quedaría en su conciencia, paradójicamente libre por voluntad divina.

Pretendí conocer la razón de su creencia y la respuesta me llegó rápida:

—Creo por intuición y también por tradición familiar.

No quedó ahí Vicente. Llevado por la fe, agregó que vivía en Dios como una inspiración. Mirándonos, escuché palabras que no pronunció, pero sentí: "Desearía para ti esa fuerza".

Conversábamos en la sala de juntas de *Proceso*, despreocupados del tiempo.

A sabiendas de su formación en la Compañía de Jesús, le pregunté a Enrique sin una palabra de más:

—¿Crees?

—Soy teólogo y estudié para aproximarme al misterio perpetuo tanto como me fuera posible. En estas circunstancias, no habría podido eludir mi propia discusión sobre la muerte ni la relación perturbadora entre el amor y el odio, opuestos por su propia naturaleza y unidos desde siempre en el corazón de los hombres y las mujeres. Muchas veces me he preguntado y sigo preguntándome por qué hemos de sufrir si somos hijos de un padre amantísimo y todopoderoso.

"Tus dos palabras, 'no sé', podrían ser las mías —continuó Enrique—. Pero comprendo que sin Dios, o comoquiera llamársele a esa abstracción cegadora, mi vida perdería su sentido. ¿Cómo vivir, cerrado el horizonte? Sin Dios, yo sería mi propio dios. ¿Y tú?"

—Estudié con los jesuitas algunos años y durante ese tiempo aprendí a temerle a la vida —respondí—. La prédica acerca del mundo, el demonio y la carne como las tentaciones del hombre, la recuerdo y me horroriza. Bajo la presión del prefecto de la escuela, un día comulgué sin haberme confesado. Supuse que al acto blasfemo seguiría la zozobra. No ocurrió así y regresé a mi banca tranquilo, en razonable paz. Hoy te podría decir que Dios no está en mi vida.

—Pero sí la muerte, sobre la que hablas continuamente.

—La muerte la miro como mi propio apocalipsis. En un instante, el derrumbe total. He de pasar por ella y es natural que me perturbe. Un día leí que de la muerte hay que ocuparse en la vida, porque después ya no hay tiempo. La miro, ineludible y terrible. Ojalá, llegado el momento y si es el caso, pueda afrontarla con dignidad.

* * *

Ante la grabadora prendida, narra Espino:

"En 2000, tras haber ganado la Presidencia de la República con Vicente Fox, llegué a la Cámara de Diputados por la vía de la representación proporcional. Entre la campaña y la instalación del Congreso, yo había tenido una relación promisoria con Felipe Calderón. Su trato conmigo lo atribuía al desempeño con el que había trabajado por la reconstrucción del partido en Sonora, mi circunscripción política.

"Felipe Calderón regresaba de Harvard para tomar posesión como diputado federal. Por mi parte, la excelente relación que mantenía con Luis Felipe Bravo Mena, presidente nacional del PAN, determinó que en cuanto Calderón fuera nombrado coordinador parlamentario del partido, a mí me designara enlace con su equipo legislativo.

"La estrategia se formalizó en la primera reunión que sostuvimos los diputados. La junta tuvo lugar en Jurica, Querétaro, y representó la primera mirada azul en el escenario nacional ya como poder. Ahí, en el hotel, Calderón fue nombrado coordinador de la bancada panista, y yo, subcoordinador.

"Durante el día, de una actividad absorbente, integramos los primeros grupos de trabajo y, por la noche, el gobernador del estado, Ignacio Loyola Vera, ofreció una cena. Ya tarde, me despedí de mis compañeros. Agotado, me fui a dormir.

"Como a la una de la madrugada escuché llamadas a mi puerta. Se trataba del diputado Alejandro Zapata Perogordo, de San Luis Potosí. Le pregunté qué pasaba.

"—Tenemos un problema con el coordinador, Felipe Calderón. Sigue en el escándalo allá abajo. Se le fue la lengua con algunos diputados, riñó con el gerente del hotel y se metió con los meseros.

"—¿Por qué todo eso? —le pregunté a Zapata.

"—El hotel da servicio hasta determinada hora y, ya vencido el plazo, Calderón exige que le sirvan una botella más. Por eso vengo por ti."

La historia que continuó Espino fue desconsoladora. Me dijo, al término de su relato:

"¿Por qué no dejamos el asunto ahí?"

* * *

"Ya en la transición de un gobierno a otro, me invitó a comer Juan Camilo Mouriño. Asistí a la cita con el doctor Enrique Navarro, secretario general de Fortalecimiento Interno de Acción Nacional. El doctor Navarro formaba parte de mi equipo en la dirigencia del partido.

"Mouriño me dijo, sin esconder una sola palabra:

"—Nos interesa la dirigencia del partido.

"—¿A quiénes? —pregunté en el mismo tono.

"—Al presidente, a nosotros, su equipo…

"—¿A qué se refiere con eso de 'nos interesa'?

"Me explicó, claridoso:

"—Queremos que el partido esté dirigido por una persona de nuestra confianza y te proponemos que renuncies antes de la toma de posesión del presidente Calderón, el primero de diciembre. Tú sabes que hay ciertas diferencias, no hay entendimiento ni mucha confianza. Lo más sano es que Felipe Calderón inicie su gestión con un presidente del partido de su confianza. Puedes irte como embajador a España.

"—Dile al presidente que no tienen de qué preocuparse. Yo les he mostrado el apoyo institucional y desde el partido tendrán ese mismo apoyo en todo aquello que sea para bien del país. En lo que no estemos de acuerdo, pues lo platicamos. Ofrézcanme una embajada, si quieren, cuando yo termine mi periodo, pero no antes, no ahora.

"Recibí el primer ofrecimiento a través de Juan Camilo. A los pocos días vi a Calderón en su oficina. Le dije:

"—Estoy preocupado porque Juan Camilo me hizo un ofrecimiento e hizo explícito que era a nombre tuyo.

"—Mira, Manuel, entre tú y yo existe una relación como la que se da en un matrimonio que ya no se entiende. Lo más saludable, llegado el caso, es el divorcio. Entonces, cada uno sigue su camino. Pero el partido tiene que mantenerse muy cerca del gobierno, plenamente coordinados los dos órganos.

"Calderón continuó, sobradamente enfático:

"—Yo necesito un presidente diferente, con el que sí me pueda entender, y tú y yo no nos entendemos, Manuel.

"—No nos entendemos en asuntos que a veces no van con la conducción democrática del partido ni con sus principios. En lo que sea para bien del país y honre la democracia del PAN, no vamos a tener problema alguno, Felipe.

"—Yo necesito la dirigencia del partido y creo que vale la pena que tomes en cuenta lo que te propuso Juan Camilo.

"—Juan Camilo me hablaba sobre la embajada de España. Y me dijo: 'Piénsalo, hombre, puede ser esa embajada o puede ser otra. Felipe necesita la dirigencia del partido'.

"Seguí, con el énfasis ahora por mi cuenta:

"—No es necesario que sigamos platicando. Yo ahora te digo que no, que voy a terminar en la presidencia del partido.

Espino puntualiza:

"Las reuniones que llegué a tener con Felipe Calderón, ya como presidente de la República en funciones, ocurrían los lunes por la tarde. Así había quedado establecido desde el tiempo de Fox. Su objetivo consistía en coordinar los trabajos del gobierno con el partido.

"Fox y Calderón tenían diferencias sustanciales. Fox planteaba las reuniones en términos de la coordinación. Calderón, no. Él determinaba lo que debería hacerse tanto en el gobierno como en el partido. Escuchaba poco.

"Supe desde entonces acerca del carácter autoritario de Calderón y de su temperamento hirviente. Solía regañar a algunos de sus colaboradores e imponer la agenda del partido. Tuve la impresión de que le dedicaba más tiempo a las relaciones personales que a los asuntos de Estado. Yo me acomodaba a su manera de ser pero me resistía a la subordinación del PAN frente a Los Pinos.

"Ya rumbo a la elección de gobernador en Yucatán, en 2007, Felipe Calderón me dijo:

"—Hay que bajar a Ana Rosa Payán en su intención de ser candidata. Hay que pensar qué pudiera interesarle; a lo mejor una subsecretaría de Estado o una dirección general.

"Como dirigente del partido, le dije que esa tarea a mí no me tocaba y no la iba a cumplir. Razoné con palabras que me parecieron sobradamente claras: si Ana Rosa Payán quería gobernar a su estado, estaba en pleno derecho de intentarlo y yo no tenía por qué disuadirla. Si ganaba, bien, y si no, que los panistas decidieran.

"Recuerdo también el caso de Carlos Gelista, dirigente panista en el Distrito Federal. Me dijo Calderón que había que bajarlo. Sugirió que podía ofrecérsele un consulado en los Estados Unidos.

"—Yo no lo voy a convencer —fue mi respuesta—. Si quiere reelegirse, está en su derecho. Yo no tengo por qué impedirlo ni me corresponde ofrecerle puesto alguno de gobierno.

"Otro día, el propio Felipe volvió a plantearme el conflicto. Yo, de nuevo, le dije que no. Entonces vinieron movilizaciones y presiones desde el interior del partido para que ya no buscara la reelección.

"Yo le dije a Felipe:

"—No me interesa buscar la reelección; no me interesa la presidencia del PAN mientras tú y yo no tengamos un buen entendimiento. No te preocupes. No pienso pelear por esa reelección. Pero ya bájenle a la presión. Bájenle. No es necesaria. Estamos generando un problema muy fuerte en el partido. Se está fracturando. No tiene sentido. Y ni siquiera me tienes que ofrecer nada cuando me vaya. Nada. Me voy a ir. Punto. Pero no sigan con esa dinámica de violencia hacia mi persona para que les deje la dirigencia.

"Ésos eran los temas que desahogábamos en las reuniones en Los Pinos. Yo nunca vi a Felipe como un estadista: ¿qué vamos a hacer con la pobreza, qué con la economía? El partido, ¿qué opinas, qué hacemos?

"Sobre la embajada, yo le dije a Calderón que la aceptaba, un día después de que terminara como presidente del PAN".

¿Y qué le dijo?

"No."

"Ya había pasado la asamblea general del PAN en León, Guanajuato, el día en que volví a hablar con Felipe. El cerco en mi contra se había estrechado. En el marco de la asamblea nacional, supe de un abucheo atroz, gritos y chiflidos, golpes contra las sillas, pataleos. Nunca antes se había organizado un escándalo semejante contra un jefe nacional. Al día siguiente algunas personas me ofrecieron disculpas. Por lo bajo, escuché: 'Me lo pidieron'.

* * *

—¿Qué tanto pesa en usted el resentimiento en su larga historia con Felipe Calderón?

—El resentimiento es muy fuerte. En lo personal he de rehacerme a sabiendas de que ya perdí modos de vivir irrecuperables. Pero ya estoy sobre cero y he de seguir hacia arriba.

"Sin embargo, el resentimiento no va conmigo en la vida, ni creo que mi vehemencia opaque la objetividad de cuanto le he contado. Me he esmerado en apartarme de la subjetividad tanto como me ha sido posible. Por eso, en mis relatos siempre aparecen situaciones que se pueden verificar y personas que puedan reaccionar como les parezca, en el silencio, la solidaridad o la diatriba en contra mía. Estoy preparado. Pero ocurrió que acabé por avergonzarme de mis propios secretos, estériles en el fondo de mí mismo.

"Por un imperativo de la conciencia decidí contarme y contar lo que ha sido del país en estos años. Creo que el licenciado Felipe Calderón se ha comportado como un mandatario que ha violado la Constitución como le ha venido en gana. Creo también que lo han vencido viejos hábitos y la enloquecida pasión por el poder personal."

La pregunta está de más, pero la formulé:

—¿Y su panismo?

—¿Acepta una respuesta cargada de sentido para mí?

—La que quiera.

—Llevo el alma pintada de azul.

* * *

Continúa Espino:

"No conocí de parte de Felipe Calderón el trato estimulante que ayuda en las situaciones críticas. No llegó a la ofensa conmigo, pero no estuvo lejos de ella. Me alteraba escuchar de sus labios la palabra *pendejo* dirigida contra algunos de sus colaboradores, pronunciado el vocablo con saña.

"Ya cerca del tercer periodo ordinario de la LVIII Legislatura Federal, yo trabajaba como coordinador de las giras presidenciales y Felipe Calderón se desempeñaba como coordinador parlamentario. Era la época que corría del 1 de septiembre al 31 de diciembre de 2001. Por esos días, Calderón me citó en la sede de la fundación del partido, en la calle de Ángel Urraza:

"—Necesito que me ayudes —me dijo—. Hay asuntos que no han salido bien en la coordinación política, específicamente en la negociación con los otros grupos parlamentarios. Algunos de los que me ayudan son unos pendejos.

"Estaba a la vista la definición del presupuesto de la Ley de Ingresos y Egresos del gobierno de Vicente Fox, para el año 2002. Calderón también me pidió que me hiciera cargo de la Comisión de Seguridad Pública. Yo estrené esa comisión, sin explicación alguna de Felipe. Acepté por espíritu de cooperación con mi bancada y por un elemental sentido de la disciplina.

"Entre septiembre y un buen trecho de diciembre, hubo momentos en los que no supe a qué obedecía mi retorno a la Cámara. No había mayor tarea que acometer. Calderón asumía muchas de las tareas y las decisiones de sus principales colaboradores sin que suavizara su trato desconsiderado, autoritario, grosero.

"Ya en diciembre yo estaba atento a lo que sucedía con el presupuesto. A Calderón le inquietó que no estuviera funcionando. Le ofrecí participar una vez. Me respondió que no.

"—Déjalo así pero estate pendiente —me dijo.

"Llegó el 31 de diciembre, la fecha definitiva. A las 11 de la noche, muy molesto, Felipe Calderón me mandó llamar. Lo encontré en plena discusión con los representantes de Hacienda. Estaba furioso, me pareció hasta soez.

"Me dijo que me tenía que hacer cargo de la negociación con los otros grupos parlamentarios.

"—Tenemos que amanecer con un Presupuesto de Egresos de la Federación y no lo tenemos —repetía, alterado.

"—¿Y el presidente de la comisión, diputado nuestro, Luis Pazos? —le pregunté.

"—Ése es un inútil, está por ahí perdido, ya ni participa en las negociaciones, no sirve para nada.

"—Yo creo que tenemos que hablar con él para que nos diga cómo están las cosas.

"—Pues háblale tú. Pero también te quiero decir que no metas ahí a Alejandro Zapata Perogordo ni a Armando Salinas, *el Charro*, ni a Cuauhtémoc Cardona, diputado federal plurinominal. Ninguno ha funcionado para esto, así que te lo encargo.

"—Déjame ver qué puedo hacer.

"Busqué al presidente de la Comisión de Presupuesto, Luis Pazos, para que me informara sobre el asunto.

"—Está muy atorado —me dijo y me actualizó sobre la situación.

"Más tarde encontré a Alejandro Zapata y al *Charro* Salinas jugando dominó en uno de los salones de la Cámara. Esperaban que se presentara el proyecto de dictamen del Presupuesto de Egresos de la Federación. Por ahí andaba también Felipe Calderón, que estaba por marcharse.

"A la una de la madrugada me volvió a llamar.

"—Está muy encabronado —me previno el mensajero.

"Acudí. Estaba con su botella de whisky.

"—¿Qué estás esperando? ¿A quién estás esperando? —me preguntó.

"—Bájale el tono. Me pediste a las 11 de la noche que te ayudara a sacar lo del presupuesto, que te ayudara a sacar todos tus pendientes y aquí me has tenido casi tres meses sin participar en la operación política de la que me hablaste. Y hace dos horas que me pides lo del presupuesto y en eso estoy. Tengo dos días trabajando en el tema, mientras que ustedes tuvieron meses.

"—Pues no tardes y avísame de los avances.

"—Tranquilo.

"Como a las cinco de la mañana, Calderón me llamó nuevamente.

"—Pediste que te dejara trabajar.

"—Ya estamos en el proyecto de dictamen. Era un desorden. Había que parcharlo y agregar anexos, pero los acuerdos ya están.

"—Explícame en qué consisten.

"—No. Si te explico ahora, no termino. Mejor confía. Tú me detallaste los temas de negociación, lo que necesitábamos que se mantuviera en el presupuesto, lo que nos interesa que permanezca como gobierno, qué podíamos ceder a los otros partidos. En fin, ya está resuelto.

"Le dije que en media hora lo vería en el salón de sesiones, pero que ahí deberían estar todos nuestros diputados, la bancada completa.

"A la media hora llegué. Estaban todos. Se presenta el proyecto de dictamen y se aprueba ya sin más discusión. Yo me fui a mi oficina para recoger mi maleta. Amanecía y quería reunirme en Ciudad Juárez con mi familia. El año nuevo lo había pasado sin mi mujer y sin mis hijos.

"En las bancadas, burbujeaba la champaña.

"Regresé a la ciudad de México el 15 de enero. Me reuní con Calderón y lo vi despectivo, autoritario, sin apartarse de la vida que vivía. Supe, además, que en Los Pinos no se me veía con buenos ojos.

"Por esos días decidí mi separación definitiva de Felipe Calderón".

✳ ✳ ✳

En el recuento de situaciones de muy diversa índole que he vivido, una mañana recordé el caso del documental *Presunto culpable*.

Como a muchos, le contaba a Espino, me había impresionado la historia de José Antonio Zúñiga, inocente pleno que había ingresado en la cárcel como un delincuente virtual. Todo indicaba que su destino sería el del azar que se pinta y vive de oscuro, cerrado el horizonte a la libertad. Pude imaginar su derrumbe, la condena de vivir una vida ajena manchada por el crimen.

Las circunstancias conjugadas en un desenlace venturoso hicieron posible que José Antonio Zúñiga recuperara la libertad. El suceso llamó la atención de la opinión pública y el "presunto culpable" fue llevado a la pantalla grande. El documental recibió reconocimientos, premios y un leve alivio social: al fin se tenía un resquicio para saber, en verdad, lo que acontecía "allá adentro".

Hubo, sin embargo, un hecho mucho más grave que el del "presunto culpable". Ocurrió el 28 de septiembre de 2007, en la avenida San Jerónimo de la ciudad de México. Sandra Ávila, la *Reina del Pacífico*, fue hecha presa y condenada públicamente por el propio presidente de la República. Aun sin que se abriera el expediente, la señaló "culpable". En su condena no asomó siquiera la palabra *presunta*.

Tras la captura, Felipe Calderón se lució ante los medios, especialmente los electrónicos. Dio cuenta al país y al mundo de la aprehensión de una mujer de innoble estatura internacional, enlace del tráfico de drogas Colombia-México-Estados Unidos.

La aberración jurídica del presidente y su deshumanizada conducta resultaban aún más significativas a la vista del silencio generalizado que se siguió contra Sandra Ávila. Investido como Poder Judicial, sumado éste al Ejecutivo, Calderón cedió a las tentaciones del poder ilegítimo que tantas desdichas trae consigo.

Hasta enero de 2012, Sandra Ávila lleva cuatro años y cinco meses sin sentencia. Se le acusó de tráfico de drogas, crimen organizado y operaciones con recursos de turbia procedencia. Poco a poco fueron desechados los cargos. Subsiste el más difícil de probar, el último en la lista: el lavado de dinero. Queda pendiente la amenaza de extradición a los Estados Unidos.

El proceso contra la Reina del Pacífico se alarga. Ella ha sostenido que su encarcelamiento se debe sobre todo al presidente de la República.

* * *

Felipe Calderón Hinojosa tuvo la cercanía de dos personalidades recias y sobresalientes: Luis Calderón Vega, el padre biológico, y Carlos Castillo Peraza, el padre político. En el caso de Castillo Peraza, Calderón fue un mal hijo.

Acerca de este tema, central en la vida del presidente de la República, converso con Luis Correa Mena, coordinador de la campaña de Castillo Peraza en la lucha política por el gobierno del Distrito Federal en 1997. El encuentro tuvo lugar en su casa, en Mérida. Hablamos frente a un flamboyán, encendidos los pinceles del pintor, rojas las flores del árbol como las nochebuenas que invaden la estancia, el comedor y un patio espacioso. Bebimos agua, diabético como es Correa Mena, de peso completo, fuerte y gordo como un campeón que ya no entrena.

Correa se refirió en primer lugar a la relación de Calderón Hinojosa con Castillo Peraza.

"El trato que finalmente le dio fue indigno, injusto, inmerecido y mucho más. Felipe debió haberle guardado respeto y agradecimiento por siempre. Tenía muchas razones para que así hubiera sido, en el mejor sentido de las palabras: la cercanía, el respaldo, la confianza, el apoyo, la promoción, la enseñanza, la orientación, la guía. No creo que se deba tratar con faltas de respeto a una persona que te da todo eso.

"Hubo un texto de Felipe donde se burlaba de Carlos. Recuerdo que me lastimó particularmente. Expresó que estaba haciendo un papelón por su manera de comportarse y que ésta no correspondía a la estatura de un ex presidente panista. Felipe pretendía que Carlos actuara como él, que se condujera exactamente igual que él.

"Tuve la oportunidad, más de una vez, de incitar a la cordura a uno y a otro. Me llevaba bien con los dos, les decía que eran amigos crecidos, y que si se empeñaban podrían arreglar sus diferencias. Quienes los rodeábamos, entre tanto, debimos mantenernos al margen de sus diferencias. El resultado final terminó en el fracaso".

—¿Por qué?

—Carlos muere sin haberse reconciliado con Felipe. Por su parte, Felipe, más allá de los errores cometidos por Carlos, no tuvo la valentía o la grandeza para dar y recibir un abrazo de reconciliación que le habría significado tranquilidad luego de su muerte. En última instancia, se trataba del presidente del partido.

"A la muerte de Carlos, todos atestiguamos la profunda tristeza que poseía a Felipe. Se veía deshecho y su pesar, para mí, obedecía en parte al remordimiento que lo calaba. En el funeral, a sabiendas de que algunos de nosotros apenas podíamos hablar, nos pidió que, expuesto el féretro, montáramos una guardia juntos. Me acerqué a Jesús Galván, su compadre, y le transmití el deseo de Felipe. Montamos la guardia, hermanados de alguna manera con un padre común."

Sigue Correa Mena, el tono bajo:

"No me desdigo del mal trato que Calderón dio a Castillo Peraza, desastrosos los resultados para él. Un hombre sin amigos es como un árbol sin hojas, sin ramas renovadas ni flores. En su momento, el resentimiento personal con Felipe fue tal que, habiendo sido yo uno de los promotores para que llegara a la presidencia del partido y después de quedar sin cartera, simplemente le deseé éxito y le dije adiós.

" —¿Cómo que adiós? —respondió Felipe—. Si tú fuiste uno de los que me buscó para que yo fuera candidato aquellos días en que los ojos estaban puestos en Ernesto Ruffo.[12]

"Nada dije y las cosas simplemente quedaron ahí."

—Al paso de los años, ¿lamenta usted la época vivida?

—Lamento algunos sucesos que se desencadenaron. Pienso sobre todo en aquellos que tuvieron que ver con la candidatura de Carlos para el gobierno del Distrito Federal. Carlos resultó electo por la convención nacional que votó abrumadoramente en su favor y 15 días después Calderón declaró: "Creo que nos hemos equivocado de candidato".

Me limito a escuchar, detengo los ojos alternativamente en el rostro de Correa Mena y la grabadora, incesante:

"Ahí, en esa declaración, empezó el pesar de Carlos y el nuestro. A mí me sigue pareciendo insólito, por decir lo menos, que un presidente nacional emita semejante frase. Se trató de un error de kínder, elemental."

—Corre la versión de que al equipo de campaña de Carlos Castillo Peraza, el Comité Ejecutivo Nacional del PAN lo dejó sin dinero.

—No se trata de que le hubieran quitado el dinero, sino el control de los recursos más importantes, los

---

[12] Primer gobernador panista en Baja California (1989-1995).

que se invierten en medios de comunicación, en propaganda, en la elaboración y difusión de los *spots*. Personalmente le reclamé a Calderón ese manejo, que me parecía equivocado. Le expresé que a nadie emocionaban los mensajes y señalé un contraste: mientras la izquierda orientaba su campaña en torno a la candidatura de gobierno del Distrito Federal, el candidato panista debía someterse a los criterios del PAN nacional.

"En la campaña se cambió el logotipo del PAN, más oscuro su azul inconfundible y en él se incluyeron unos vivos naranja que alteraban la imagen tradicional del partido. Los *spots* de televisión eran color gris, lamentablemente tristes, nada decían ni transmitían. En esta campaña se gastó mucho dinero, un dinero que a nosotros sólo nos repercutía en el presupuesto de campaña sin haber pasado por nuestras manos. Yo veía los *spots*, desastrosos, y contabilizaba los minutos de transmisión y las sumas enormes que representaban. Recuerdo un anuncio muy oscuro con un chelo que sonaba. No había más, era la imagen completa. No hubo quien supiera a qué se refería ni quién había decidido cambiar la imagen del partido."

—¿Hubo mala fe?

—No sabría. A mí me enseñó Castillo Peraza a no juzgar necesariamente por la vía de la maldad, porque la estupidez cuenta, y mucho. Cuando leo la nota donde se registra el "nos equivocamos de candidato", yo no pienso que la declaración sea perversa ni mucho menos. Creo, sin embargo, que retrata a Calderón, una persona que duda de más, ya que toma una decisión y luego recula, quiere cambiarla, la cuestiona y a veces piensa en voz alta sin medir el efecto de sus palabras.

—¿Hasta qué grado les afectó la declaración de Felipe Calderón?

—Si yo no la olvido, si todavía me duele, no me atrevo a imaginar lo que Castillo Peraza sentiría. Más aún, esos temas ni siquiera los tocábamos con él, conscientes todos de la hondura de su herida. Si así marchaban los asuntos en el orden interno y si al exterior tu presidente te cuestiona y dice que no eres el candidato adecuado, de entrada te está dando un empujón, pero hacia un hoyo, no para adelante.

"Un escándalo más lo suscitó la denuncia por un supuesto acto de corrupción en Playa Eréndira, Michoacán. Cuando Cuauhtémoc Cárdenas fue señalado, el mundo se le vino encima al PAN. No hubo quien aceptara dentro del partido enfrentar el problema y fue Carlos quien asumió los costos de un acto tan delicado. El efecto contra nosotros fue demoledor. Pudiera decirse que Cárdenas estaba blindado y el ataque contra su persona tuvo un rebote bárbaro, un efecto devastador. La denuncia por cuenta de Castillo Peraza significó un acto desesperado ante la declinación de la preferencia electoral por Acción Nacional."

Debe recordarse que en abril de 1997 Carlos Castillo Peraza presentó públicamente una escritura donde se consignaba que, durante su gobierno en Michoacán, Cuauhtémoc Cárdenas había vendido un terreno de 20 mil metros cuadrados a su madre, Amalia Solórzano. Además de presentar la escritura pública de la operación de la compraventa del terreno en Playa Eréndira, en el municipio de Lázaro Cárdenas, Castillo Peraza calificó de "irrisorios" los 27 mil pesos que pagó la viuda del general Lázaro Cárdenas en 1983. Más tarde, la dirigencia blanquiazul divulgaría una lista de supuestas propiedades del perredista en su estado natal.

—¿Por qué se decidió Castillo a denunciar? —le pregunto a Correa Mena.

—El resorte fue la convicción y su entrega al partido.

—¿Pudo haber ganado la elección?

—Yo lo dudo. Más aún, diría que hubiera sido casi imposible que resultara victorioso. Metafóricamente, se alinearon los astros para que esa oportunidad fuera inaccesible.

—¿Se ha reunido con Felipe Calderón ya como presidente de la República?

—No he tenido diálogo con él desde hace mucho tiempo. Le envié un correo cuando accedió a la Presidencia. Le dije que más allá de nuestras diferencias le deseaba el mayor de los éxitos. Subrayé que su triunfo sería el de los mexicanos.

—¿Qué piensa acerca del PAN actual?

—Me fui del partido en 1998. Me pareció que había dejado de ser una causa suficiente para que yo continuara en el trabajo que emprendía. Entré a la política para aportar lo poco o lo mucho que estaba a mi alcance. El PAN dejó de luchar con la pasión de un partido entregado a los valores. Poco a poco empezó a inmiscuirse en situaciones que en los buenos tiempos rechazaba. Se trataba del manejo de funcionarios, la contratación arbitraria de personal, la presión para salir triunfante en votaciones internas, la compra de todos al interior del PAN.

—Usted ingresó en el partido, salió de él, volvió, salió de nuevo y ahora se encuentra instalado como un panista reconocido. ¿Por qué esa inestabilidad, don Luis? ¿Le atrae su permanencia en el PAN?

—Creo en el partido, mas no en lo que viene ocurriendo en su interior. Yo entré al PAN en 1976 por invitación de Castillo Peraza y a veces puedo existir en la lejanía porque si estuviera ahí ya me habría matado. Renuncié al PAN un viernes. Mi renuncia fue discreta, sin publicidad. Mi mamá pasaba los sábados por la casa. Le dije que ella sabía mejor que nadie cuánto me podía afectar la decisión, pero al mismo tiempo me comprendería como sólo ella podía hacerlo. Esposa de mi padre, Víctor Correa Rachó, padeció la tensión que mi padre vivió con el PAN nacional de entonces, al que estuvo a punto de renunciar por la falta de compromiso del partido con lo que acontecía en Yucatán.

"A mi madre le dije que mi renuncia al partido no significaba que me clavara un puñal en el corazón, sino un esfuerzo por empezar a sacarme el cuchillo del cuerpo."

—Pero regresó al partido...

—En 2004 se dio una batalla en Mérida contra Víctor Cervera Pacheco, mi enemigo de siempre, mi enemigo personal. Para mí, su presencia como candidato fue el acicate que me hizo volver al partido. Habían pasado muchos años desde mi primera renuncia al PAN, en 1998.

—¿Por qué ocurrió aquella primera renuncia?

—Renuncié al consejo estatal con el argumento de que al interior del partido copiábamos lo que ocurría fuera de él. No importaba quién tuviera la razón, sino quién controlaba la mayoría. El PRI adentro del PAN, el mayoriteo de las cámaras se reproducía en las votaciones del consejo nacional. Si pertenecías al grupo mayoritario podías sostener que el cielo era verde y ganabas la votación.

—Y ahora que lo encuentro como nuevo panista, me interrogo: ¿qué pasó con usted?

—Yo no participo en nada. Cuando me preguntan en un programa de radio del que formo parte, digo que mi categoría es la de miembro activo, un afiliado y nada más… si el partido me reconoce militancia. Por el PAN no hago nada y un poco en broma afirmo que para echarlo a perder no necesitan mi ayuda, porque creo que cada día lo descomponen un poco más. Continuamente se reduce la democracia interna y la convicción por el servicio público. Hoy priva la cuestión electoral, la búsqueda de candidaturas y el hueso.

—¿Cómo juzga usted la tarea de Felipe Calderón?

—¿Cómo presidente de la República o como líder del PAN?

—Como presidente y como líder.

—Habría que revisar la forma en que llegó a la Presidencia. Supuestamente en Los Pinos se favorecía a un candidato. Pues bien, soy de la opinión que en el fondo el candidato se rebelaba por no verse claramente favorecido.

"Considero que durante los años en que Felipe tuvo 'calle', supo de la convivencia y compartió batallas con muchos políticos del país, aprendió de la competencia interna. Sin embargo, me parece que presumió con exceso y que después la realidad fue muy dura con él. Cuestionó severamente a Fox: dijo que éste había sacado al PRI de Los Pinos, pero que a Los Pinos no había metido al PAN. Sobre el particular, seguimos esperando. El PAN continúa en deuda con los muchos que creímos en él, verdaderamente en palacio, como se creía en los tiempos de Fox."

Prosigue Correa Mena:

"Antes decíamos: cuando lleguemos al poder vamos a evitar que nos sigan robando en la Comisión Federal de Electricidad, porque nos roban con las tarifas; va a imponerse un verdadero control en Pemex y ahora sí va a ser un puntal para el desarrollo de México; vamos a presenciar una verdadera transformación educativa. Todo eso, y mucho más, lo seguimos esperando. Ahora lo sé, fuimos ilusos.

"Muchas personas le conceden una calificación aprobatoria a la gestión del PAN. Sucede que esperaron mucho menos que otros. Mi problema puede nacer de que espero demasiado y sé cuánto nos costó llegar adonde un día soñamos. La lucha significó mucho esfuerzo, persecución y sangre, así como un gran sacrificio que hubo que poner en juego en pos de un ideal; y no hablo en sentido figurado.

"Mi panismo no nace a los 19 años, época en que me afilio al blanquiazul por primera vez. Soy hijo de otro militante que también luchó durante muchos años. Hubo gente que acreditó su militancia a prueba de balas."

—¿Ha llegado la guerra a Yucatán?

—Me pregunto: ¿por qué si vivo en una isla de paz, cada día veo más cerca el riesgo de perder esa paz?

* * *

En la LV Legislatura del Congreso de la Unión, coincidieron Gustavo Carvajal Moreno y Felipe Calderón Hinojosa, ambos políticos de prosapia. El primero, hijo de Ángel Carvajal, secretario de Gobernación en la época del presidente Adolfo Ruiz Cortines, y el segundo, hijo de Luis Calderón Vega, fundador del Partido Acción Nacional.

Se llevaban bien, Carvajal como presidente de una sección del Colegio Electoral y Calderón como secretario de dicha sección. Juntos revisaban documentos, y si bien el panista se negaba a firmarlos, bastaba con Carvajal para que los asuntos fluyeran en la Cámara de Diputados.

Carvajal y yo nos reunimos recientemente. Le pregunté por Calderón, enterado de las relaciones que habían tenido en un periodo de su juventud. Me contó, en el tono tranquilo que ha hecho de él un excelente negociador, desde hace 20 años vicepresidente vitalicio de Partidos Políticos de América Latina y el Caribe:

"En la época en que trabajábamos juntos, yo hice un viaje corto a San Andrés, Tuxtla, población productora de tabaco, el mejor de México. Yo, que no fumo, sabía que Felipe Calderón era afecto a la deleitosa soledad del puro y mandé hacer para él una caja especial. En ella sobresalían su nombre, el de Tuxtla, la fecha del día en que me la entregaron y un espacio cuidadoso para los 20 habanos que contenía la caja. Se trataba de un regalo significativo, un signo de amistad.

"Calderón vio la caja y la observó colérico. Descompuesto el semblante, me increpó. Me dijo que rechazaba el objeto, que debía saber para siempre que nada aceptaría de los priístas. Inesperada, surgió la frase brutal:

"—Mi padre me enseñó a odiar a los priístas."

No cabía el sarcasmo. Atónito, le pregunté:

—¿Odio, licenciado?

—Me parece.

Gustavo Carvajal teme a las fuerzas que pudieran desatarse desde la Presidencia de la República. No está dicho —añade— que vayan a celebrarse elecciones el año que principia. Tampoco, que la asunción del futuro presidente de México ocurra a finales del temible 2012.

* * *

En el lenguaje de la síntesis, Manuel Espino expresa que Acción Nacional ha sido tocado por la corrupción y la ruina lo amenaza. Entre otros ejemplos cita a Luis H. Álvarez, en una época ejemplo de valor y congruencia y hoy observador desganado del desastre en que ha caído el partido.

Le había preguntado a Espino:

—Paso a paso, desde el origen del PAN con Manuel Gómez Morin hasta los días de Felipe Calderón, ¿de qué manera explicaría usted el desastre visible del partido?

La respuesta tarda. Sería larga. Yo me concentro en el silencio y el café.

"El PAN fue un partido idealista, de principios, humanista, de gente honesta. Este ideario que provoca el surgimiento del PAN en plena Revolución mexicana, en 1915, se preserva y refuerza en 1926. En ambos momentos, a partir de la pasión de Gómez Morin por dar al país una nueva clase política, se gesta un cambio, el fin de la clase gobernante constituida como partido único, árbitro absoluto en las decisiones que marcan el rumbo de la nación.

"La idea de una acción política congruente con los principios trajo como consecuencia que el PAN ganara poco a poco la confianza de los mexicanos, fatigados por la corrupción del PRI. En México había nacido una opción para enfrentar la impunidad brutal de gobernantes escudados en el partido 'invencible'.

"Luis H. Álvarez, a pesar de haberse destacado en una etapa de su vida como un luchador esforzado, generoso, colmado de valor, ya en la responsabilidad de gobierno del partido, fue omiso al dejar pasar acciones que demeritaban la trayectoria del partido y su propio prestigio.

"Fue omiso en el cumplimiento de sus deberes. Como muchos otros que empobrecieron con su silencio la noble tarea del PAN durante muchos años, y dieron preferencia a sus proyectos particulares, al desempeño de cargos públicos, algunos a la sombra de la complicidad amparada en la impunidad.

"Fue omiso Germán Martínez, fue omiso César Nava, y en la omisión hubo complicidad. Por ejemplo, yo le reclamé a Germán el haber justificado a Juan Camilo Mouriño por los contratos de Pemex que le otorgó desde la Secretaría de Energía a su familia. En privado, Martínez reconoció que ahí se había dado un acto de corrupción pero públicamente decía que esos contratos estaban revestidos de legalidad.

"La corrupción trajo como consecuencia la declinación de principios. Hubo personas, como Felipe Calderón, que durante su campaña pregonaron la honestidad del PAN y la necesidad de practicar en la esfera gubernamental una acción política congruente con principios. Sin embargo, ya en el poder, toleró y ha seguido tolerando casos de corrupción que quizás no puedan ser fácilmente comprobables, pero que dejaron las pistas necesarias para seguir los pasos irregulares de muchos funcionarios públicos, como Juan Camilo Mouriño, Juan Molinar Horcasitas y Genaro García Luna. Se trata de diversos hechos de corrupción: desde hacerse de dinero hasta solapar actos criminales.

"¿Cuándo empezó esta corrupción? —se pregunta Espino—. El PAN no se corrompió de manera colectiva o en un momento determinado. Se ha corrompido cada vez que un panista declina de sus principios y da paso a la corrupción, o por lo menos la tolera."

Espino no se detiene:

"Ha habido asuntos como el del ex alcalde de Monterrey, Adalberto Madero. A Madero se le comprobaron hechos de corrupción y, al final, su proceso de expulsión quedó revertido a través de una transa. De manera grotesca se equivocó el trámite en la recta final del proceso, de tal suerte que salió inmune de la prueba. A favor del ex alcalde operaron panistas que se sintieron amenazados por el caso, involucrados como estaban en actos de corrupción. Madero, que fue senador y alcalde, buscó su candidatura como gobernador.

"No todos fueron como él. Ha habido buenos gobiernos panistas, gobernantes de 10 a nivel municipal o estatal, incluso funcionarios federales que no han hecho a un lado los principios fieles a Acción Nacional.

"El PAN ha perdido aceleradamente la confianza de los mexicanos, confianza que se ha reflejado en las urnas. No es circunstancial o gratuita la derrota en Yucatán, Aguascalientes, Tlaxcala, Querétaro, San Luis Potosí y Michoacán.

"Se ha abierto paso la idea de que estábamos mejor cuando estábamos peor, haciendo alusión a que con el

PRI la situación era menos grave que con el PAN en el gobierno. Se ha dicho con insistencia que los panistas defraudamos a los ciudadanos, que los engañamos, que les dijimos que al llegar al gobierno limpiaríamos la casa, pero la corrupción no sólo se ha preservado en algunas dependencias públicas, sino que en algunos casos se ha incrementado".

Interrumpo a Espino:

—Usted emplea un plural en primera persona que no podría pasarme inadvertido: "los engañamos".

—Yo no me siento omiso: cuando conocí casos de injusticia o corrupción, los denuncié.

—¿Como cuál o cuáles?

—Denuncié la pretensión de Marta de ser candidata a la Presidencia de la República. Su aspiración representaba tanto como corromper la vida pública del país. A Fox le reclamé su empecinamiento por desaforar a López Obrador, dato que significaba la degradación política de México.

Pregunto, casi avergonzado, si Fox incurrió en la degradación política y en actos de corrupción. Apenas tenía caso mencionar su ignorancia supina; su abyección con el "comes y te vas"; su tolerancia o su indiferencia frente a los ilícitos, sin un solo pez gordo en la sartén que Francisco Barrio Terrazas, el contralor, mantuvo caliente durante tres años; los casos de corrupción en Pemex, en la megabiblioteca José Vasconcelos; su enriquecimiento descomunal y cómo el modesto hombre de empresa se convirtió en el dueño del Centro Fox, con sus pretensiones de foro internacional para discutir los problemas de México y el mundo.

—Sí —responde Espino—. No fue su caso el de robo a mansalva o el acto de esquilmar gente, pero sí degradó la política con sus actitudes, acciones y expresiones. Varias veces insistimos con Luis Felipe Bravo Mena para que hablara de temas fundamentales con Vicente Fox. Fue el caso de la corrupción de Mouriño, en el que yo exigí que hubiera una clara rectificación a lo acontecido.

"Cuando Ramírez Acuña, al frente de Jalisco, pretendió dar un bono millonario a su gabinete so pretexto de que habían trabajado tiempo extra en ocasión de un huracán que afectó severamente a Puerto Vallarta, le exigí públicamente al gobernador que no usara dinero público en beneficio de sus funcionarios. Y le advertí que si ese dinero no se restituía a la tesorería del estado, armaría un escándalo.

"Tampoco toleré el acto de corrupción que implicaba la cancelación de la democracia interna del partido, durante mucho tiempo nuestro orgullo legítimo. En este punto, Germán Martínez se prestó al capricho del presidente de la República.

"César Nava fue acusado documentalmente de corrupción en la dirección jurídica de Pemex. No obstante, Calderón lo hizo presidente del partido. Así, violentó el derecho e impidió las investigaciones en torno a quien colocaba al mando del PAN.

"No fui omiso, pues el día que inició el proceso en mi contra para expulsarme de Acción Nacional, por la denuncia que hice de casos de corrupción a los que había aludido en reiteradas ocasiones, exigí respeto a la democracia interna del partido.

"Gustavo Madero sabe de la injusticia que se cometió conmigo y la dejó correr. Él conoce el expediente. El PAN no es un partido corrupto, cobija a muchos panistas corruptos que ocupan cargos relevantes en sus filas o en la vida pública del país. Y por tratarse de personas con notoria influencia, se ha dicho que el partido es corrupto. Pienso que en las circunstancias que viven el país y el propio PAN, si sus militantes no se esfuerzan por regresarlo a su origen, a sus valores y a sus principios, puede terminar implicado en la corrupción como institución."

* * *

Hasta el fin de su vida, Carlos Castillo Peraza confió en Francisco Barrio Terrazas. Sin conocer su eclipse en la embajada mexicana en Canadá, decía Castillo que le guardaba respeto. Alguna vez le escuché: "Si Barrio asciende a la presidencia del PAN y toca el tam-tam, regreso al partido".

Le pregunté a Espino si, en circunstancias parecidas u otras, estaría dispuesto a regresar a las huestes de su vida.

—No lo sé. Castillo Peraza decía que él tenía vocación de político y no vocación de arqueólogo. Yo pienso igual y sé bien que a mí no me gusta reconstruir ruinas. Si se presentara la oportunidad de regresar, que podría ocurrir dentro de dos años, a lo mejor ya sería demasiado tarde. Yo hice mi esfuerzo durante 33 años, y construí cuando me tocó construir.

"Ya en esta etapa de mi vida no quiero cambiar de profesión ni de oficio. Seguiré siendo administrador y político. Si en dos años existe la posibilidad de regresar al partido y participar en su reconstrucción, estaría dispuesto con el mejor ánimo. Pero lo que no haré será perder tiempo en quejas y lamentaciones."

—¿Alguna vez usted fue llamado por el presidente Calderón para hablar acerca de la guerra contra el narco?

—Sí.

—¿Antes de declararla?

—Después. Felipe Calderón no es de los que consultan antes de tomar decisiones. No es así. Es de los que piden opinión respecto a sus decisiones una vez que han sido implementadas.

"Calderón le declara la guerra al crimen organizado la primera quincena de diciembre de 2006. Así lo dijo, aunque años después, ya padecidos sus estragos, quiso retractarse afirmando que no era una guerra, aunque él la hubiera denominado de esa manera.

"En enero de 2007, siendo presidente de la Organización Demócrata Cristiana de América (ODCA), hice una gira por Europa. Estuve en Madrid durante varios días. Ahí, en el periódico *La Razón*, me preguntaron mi opinión respecto a la declaración de guerra de Felipe Calderón contra los criminales. Dije lo mismo que había dicho antes en México y en otros países. Aseguré que me sentía orgulloso de tener un presidente valeroso, resuelto, que había tomado la decisión de combatir con toda la fuerza del Estado a los criminales, y ejemplifiqué con una comparación: 'No es el presidente de México como el de España, que aquí está negociando con los dirigentes de la ETA para dejar en libertad a algunos terroristas. Allá en México no se negocia con criminales, se les combate'. No dije más.

"A los 11 días llegó el presidente Calderón a Madrid y un reportero del periódico *Reforma* le dijo, malicioso: 'Presidente, ¿ya se enteró usted de que Espino estuvo aquí y le dejó la víbora chillando, criticó la política de seguridad de Zapatero?'

"Cuando Calderón pronunció su discurso hizo una alusión a mi persona sin pronunciar mi nombre: 'Yo no vengo aquí, como otros, a cuestionar la política de seguridad del presidente de este país, yo la respaldo, la avalo'.

"Busqué a César Nava, entonces secretario particular del presidente, le dije lo que yo había declarado en Madrid y que no era correcto que hubiera dejado correr una versión equivocada.

"El día que volvió Calderón a México lo vi en Los Pinos. De inmediato le hice la aclaración pertinente y me dijo que todo quedaba claro. Aproveché la oportunidad del encuentro y le comenté que había un suceso que me preocupaba. Hice hincapié en la acción que había seguido a la lucha contra el narcotráfico. Así lo recuerdo:

"—Está bien que decidas la estrategia que quieras seguir —le dije a Calderón—. Eres el presidente de México. Es tu derecho. Pero deja que la implemente el secretario de la Defensa o el de Marina, el procurador General de la República o el secretario de Gobernación. Abre paso a tu gabinete de seguridad para que tome el asunto en sus manos y le declare la guerra a los narcos.

"'Me preocupa que seas tú y que te vistas de militar, más todavía si envías una señal para subrayar que personalmente te harás cargo de la estrategia en la lucha contra el crimen organizado. Creo que como jefe de Estado tienes el deber de tratar por igual otros temas, como la educación, el rezago social, el crecimiento económico, la salud, y enfáticamente el de la seguridad.

" 'Por razones políticas, diplomáticas, sociales o coyunturales, convendría que evitaras problemas que podrían sobrevenir en el futuro. Un día podría ser necesario que bajaras la intensidad de la guerra y si así lo decides podrías mostrarte débil frente a la opinión pública. En cambio, no te verás débil si le ordenas al general secretario de la Defensa o a la persona que hubieras designado para acometer la batida contra el narco que disminuyera su intensidad.'

"Deseaba verlo como jefe del Estado en plenitud."

—¿Cuál fue la respuesta del presidente a su planteamiento?

—No me dijo nada.

No se me ocurrió alguna pregunta pertinente, pero no hacía falta. Espino prosiguió:

"El presidente parece tener algún problema de audición. En las ocasiones en que alguna persona le planteaba la revisión o la rectificación de su estrategia, solía responder: 'Me están pidiendo dejar de combatir a los criminales, me proponen que cese en su persecución'.

"Hasta el día de hoy no he escuchado a un solo mexicano que le pida dejar de combatir al crimen. Lo que sí he escuchado es la sugerencia de que revise la estrategia, pues ésta ha sido fallida."

—¿De qué manera se enteró usted del inicio de la batalla contra el narcotráfico?

—Leí la noticia en los periódicos y la vi por la televisión.

—¿No lo lastimó, en su calidad de presidente del Comité Ejecutivo Nacional del PAN, que no se le hubiera dicho palabra alguna sobre asunto tan delicado?

—Yo siempre tuve y sigo teniendo claro que el tema sobre el que hablamos es un asunto que compete al presidente de la República. La decisión es suya. Asumí, como es lógico, que el presidente había consultado con especialistas este asunto de carácter trascendente. No ocurrió así. Pero esto lo supe meses después. La decisión personal, en las circunstancias que se dieron, me pareció un acto irresponsable y, además, una negación de la amplitud de miras que compete a un jefe de Estado. Ésta es mi convicción. Felipe Calderón nunca lo aceptó, pero él sentía que su Presidencia había sido cuestionada y sentía la necesidad de legitimarse. Éste es un dato más que expresa su personalísima inseguridad.

Continuábamos, renovadas 10 veces las tazas de café, siempre con la grabadora entre los dos:

—Supongo que hubo reuniones y acuerdos para resolver el problema que implicaba la toma de protesta de Felipe Calderón como presidente de la República. El ambiente estaba envenenado, crispada la atmósfera. Hervía el Congreso. ¿Tuvo usted participación en algunas de las discusiones previas a la protesta constitucional?

—Participé en algunas reuniones.

—¿De qué manera se ventilaron las negociaciones?

—No las hubo. El secretario de Gobernación era Carlos Abascal. Desde que asumiera el cargo a finales de 2005, platicábamos todos los lunes a las 11 de la mañana.

"Ya ganadas las elecciones, la situación se complicaba. El Zócalo había sido tomado. Abascal y yo intervenimos en el proceso. En las juntas acordamos con quiénes debíamos reunirnos. El coordinador parlamentario era Héctor Larios, amigo mío. Abascal, por su parte, mantenía comunicación permanente con Vicente Fox, a fin de cuidar los detalles que hicieran posible la toma de protesta con la presencia de Felipe Calderón en la Cámara de Diputados. El resultado lo conocemos todos.

"Llegué a estas jornadas en compañía de los diputados de mi partido. Hablábamos entre todos; yo les decía que debíamos evitar provocaciones. Fue así como poco a poco fuimos armando la logística que venturosamente tuvo éxito. Con el ejército no hubo negociación alguna. El ejército se mantiene estrictamente en su función constitucional. No asume posiciones políticas y provee lo necesario para la seguridad del jefe de la nación y los funcionarios que lo acompañan."

* * *

Estaba empeñado en conocer al Felipe Calderón de los años que antecedieron a la posición eminente que ocupa ahora. Recurrí a Alfonso Durazo, testigo en primera línea del asesinato de Luis Donaldo Colosio, como su secretario que fue, y autor de la carta pública que describió a Marta Sahagún como un ser deleznable (5 de julio de 2004), lastimoso el desenfreno de su ambición personal.

La vida cotidiana había sido el punto de partida de nuestra amistad. Con el tiempo llegamos a la confianza mutua. Me dijo que el día de la protesta de Colosio como candidato a la Presidencia, éste no permitió que Carlos Salinas de Gortari conociera con antelación su mensaje a la nación. Para lograrlo, ordenó a Durazo que enviara el texto histórico simultáneamente al Monumento a la Revolución —la tribuna de Colosio— y a Los Pinos.

Para Salinas el momento debió de haber sido terrible. Colosio, su hijo, así lo llamaba Octavio Paz, sibilinamente hacía pública su desconfianza al padre. No era para menos. Colosio habló contra el presidencialismo instaurado en el país. Fue categórico:

Sabemos que el origen de nuestros males se encuentra en una excesiva concentración del poder que da lugar a decisiones equivocadas, al monopolio de iniciativas, a los abusos, a los excesos... Reformar el poder significa un presidencialismo sujeto estrictamente a los límites constitucionales de origen republicano y democrático.

Enseguida le propinó otro golpe a Salinas: "Yo veo un México con hambre y sed de justicia, un México de gente agraviada por las distorsiones que imponen a la ley quienes deberían servirla".

Secretario particular y vocero del presidente Fox de 2000 a 2004, le pregunté a Durazo:

—¿Cómo era el Calderón que conoció usted, don Alfonso?

Se detuvo un rato. Luego dijo:

—Es coincidente la desmemoria de quienes lo tratamos desde Los Pinos. Nadie recuerda un dato memorable de su paso por Banobras, la Secretaría de Energía y los distintos gabinetes en que participó. Ni siquiera se recuerda su voz, algo digno de retener en la memoria, no obstante los álgidos temas del momento, como el desafuero de López Obrador. Se le recuerda más bien inactivo y silencioso. Llegaba, tomaba su lugar, distante siempre del presidente Fox, instalaba su computadora y empezaba a escribir, haciendo abstracción de la agenda que se desahogaba.

"Recuerdo con claridad un solo desencuentro.

"A mediados de diciembre de 2003 recibí una llamada urgente de Felipe Calderón, en ese entonces coordinador de la fracción parlamentaria del PAN en la

Cámara de Diputados. Deseaba saber si el presidente Fox asistiría a la cena de fin de año de los diputados panistas que se realizaría esa misma noche.

"Le respondí que era la primera noticia que tenía sobre dicho evento y que en consecuencia no estaba en agenda.

"—Lo que pasa es que no le toma la llamada a mis colaboradores —me reprochó Calderón con ánimo violento.

"—Mira —le dije—, aun cuando ése fuera el caso, que estoy seguro de que no lo es, no te permito el tono grosero.

"Un día cualquiera, después de una reunión informal que había tenido Fox con Calderón, me dijo el presidente:

"—Es un tipo muy pesado.

"Pero no sólo eso. No es casual —agrega Durazo— que los propios diputados que coordinó Felipe Calderón en la Cámara Baja le hayan apodado *el Erizo.*"

Apenas hay espacio para los silencios en el encuentro con Durazo. Suelto, dice:

—La biografía política de Felipe Calderón lo ubica como un hombre desconfiado y arrogante que subordina su inteligencia a lo visceral y a lo inmediato. Contrario a la opinión pública de que es un hombre de "mecha corta", siempre he tenido la impresión de que no tiene mecha. Es un sujeto de temperamento primario, se conduce por impulsos, no por razonamientos.

—¿Incapacitado para el poder, don Alfonso?

—Ésa es, ahora, la más evidente de sus numerosas limitaciones. Así, el futuro del país quedaría atado a la capacidad de sus colaboradores. Pero los complejos de Calderón le impidieron rodearse del talento de otros. Su equipo cercano, íntimo, formado en la intriga, el cotilleo y el sensacionalismo político, ha vivido siempre inmerso en la política pequeña, en la política de pasillos y oídos... la ausencia absoluta de grandeza.

Ya en la despedida, Alfonso Durazo se duele de sus propias palabras:

—Algo estamos haciendo mal en nuestro país cuando un político intolerante, inexperto y explosivo se puede colar hasta la Presidencia de la República.

* * *

En la batalla por la Presidencia en el año 2000, Vicente Fox juró como político que "sacaría a patadas al PRI de Los Pinos". La oferta del candidato prendió en el ánimo popular. Eran ya muchos años de hartazgo, la corrupción y la impunidad unidos en sólida alianza. No obstante, en el tiempo en que vivimos, Calderón podría recorrer el camino inverso de su antecesor y reabrir las puertas a su adversario irreconciliable.

En una conversación más con Alfonso Durazo para hablar acerca del país crispado, me había dicho sobre Calderón:

—No podemos negar la identidad partidaria. Sin embargo, Calderón ha terminado dominado por su sentimiento partidario. También por su sectarismo. Sus convicciones militantes sin límite, irracionales, lo llevaron a ver con recelo a la izquierda y a los priístas. Históricamente los había demonizado, y no era fácil que los aceptara de un día para otro. Entonces, el honroso y legítimo sentido de pertenencia a una organización política degeneró en maniqueísmo, en un militante delirante con una visión hipócrita de la política que lo llevó al "nosotros los buenos, ellos los malos".

"Estos recelos históricos no han descansado —siguió Durazo—. Cuenta la anécdota que juró ante la tumba de su padre, en uno de los recientes aniversarios de su muerte, que bajo ninguna circunstancia entregaría el poder al PRI. No obstante la confirmación amplia de la anécdota, así como de su odio histórico hacia el PRI, no quiero imaginar que esa anécdota sea cierta."

* * *

A propósito de Calderón, hombre de pasiones oscuras, *Proceso* publicó el 11 de septiembre de 2011 un texto revelador de Jorge Eugenio Ortiz Gallegos, el mejor amigo de Luis Calderón Vega, el padre de Felipe.

La crónica, parte central del libro *La mancha azul*, da cuenta de la manera como Felipe Calderón reaccionó ante el planteamiento de que su padre recibiera un homenaje, un momento que resultó dramático para doña María del Carmen Hinojosa de Calderón, madre de Felipe.

Escribió Ortiz Gallegos:

En enero de 1991, una vez terminados los asuntos del orden del día de la junta del comité nacional del PAN en las oficinas de Ángel Urraza, Luis H. Álvarez presentó la propuesta, que hicimos varios miembros del comité, de hacer un homenaje a don Luis Calderón Vega, muerto dos años antes.

Felipe Calderón Hinojosa, que no tenía derecho a estar en el comité nacional, ya que como jefe de la juventud panista debió retirarse a los 26 años, golpeó la mesa inmediatamente para lanzarse contra los personajes sugeridos para hablar en el homenaje: José González Torres, quien había sido presidente del partido y candidato a la Presidencia de la República, y Jorge Eugenio Ortiz Gallegos, que había sido por todos reconocido como el gran amigo de Luis Calderón Vega.

Varios miembros del comité insistieron a Felipe que el homenaje a su padre era necesario para rendir tributo al gran panista que fue [muy cercano a Manuel Gómez Morin], aunque hubiera renunciado al partido en 1981. Felipe volvió a golpear la mesa cuando habló el diputado Fernando Canales Clariond tratando de contenerlo. Luis H. Álvarez dio por terminada la sesión.

Inmediatamente apareció doña María del Carmen Hinojosa de Calderón, que había escuchado todo en la sala de espera del partido, y me abrazó. Todos los miembros del comité le fueron dando, uno a uno, el pésame.

* * *

Sostengo una última conversación con Alfonso Durazo. Le pregunto de qué manera describiría a Felipe Calderón. Me dice, entregado desde hace años a la reflexión y el ejercicio de la política:

—La ilegitimidad de origen, traducida en debilidad política, fortaleció a los grupos de poder económico, al narco, a la oposición y a los intereses internacionales y trasnacionales. El saldo es hoy un país sostenido con alfileres. Un gobierno humillado por el crimen organizado y diversos grupos de poder; 52 millones de pobres muriendo de hambre; más de 50 mil mexicanos muertos; violaciones sistemáticas a los derechos humanos; corrupción con niveles africanos. La víbora chillando. Y el país aún no toca fondo. No obstante,

Calderón ha transformado su gesto en una sonrisa extraña que pareciera expresar la inverosímil satisfacción del deber cumplido.

Termina Durazo, concluye la grabación:

"Calderón es un hombre sin código. En su objetivo de derrotar al adversario político no caben racionalidad ni un mínimo de juego limpio. El 'haiga sido como haiga sido' en estado puro. De hecho, existe ya un conflicto en marcha, cada vez menos oculto el rumbo a la sucesión presidencial. La irrupción electoral de Calderón es un signo ominoso. Internamente coherente y con un patrón de decisión y de operación, nos puede llevar a una intervención presidencial en los procesos electorales con dimensiones desconocidas. Dibujada la estrategia del gobierno para enfrentar al PRI y a la izquierda, el tipo de recursos de que pudiera valerse será proporcional a la desesperación."

* * *

La política del presidente Calderón lo ha llevado por caminos peligrosos. Ante la historia es ya un hombre en entredicho.

Anexo 1

Fecha: 28/4/2006 1:17:12 PM

Reporte Pago SPEI	
Moneda	Pesos
Cuenta Ordenante	0185178695
RFC Ordenante	PAN400301JR5
Clabe/Debito Ordenante	072180001851786954
Nombre Beneficiario	HILDEBRANDO SA DE CV
Cuenta Beneficiario/CLABE	012180004478280120
Banco	0012-Bancomer, S.A.
Referencia	280406
Clave de Rastreo	88464SJ1200604280000511317
Concepto	PAGO FACTURA
Importe	$11,999,100.00
RFC Beneficiario	HIL860904DGA
IVA	$0.00
Confirmación	PROCESO COMPLETO
Usuario Capturó	Julio Elam Reina Lizarraga
Fecha Captura	28/4/2006 10:38:43 AM
Usuario Ejecutó	Julio Elam Reina Lizarraga
Fecha Ejecución	28/4/2006 10:39:02 AM
Usuario CoEjecuto	MARCOS PEREZ ESQUER
Fecha CoEjecuto	28/4/2006 11:38:02 AM

https://bem.banorte.com/VBank/engine/reporte.html

28/04/2006

Documento 1. Comprobante de una transferencia realizada el 28 de abril de 2006, a través de Banorte, por el concepto de "pago de factura", al beneficiario Hildebrando, S. A de C. V. El monto de la transacción ascendió a 11 millones 999 mil 100 pesos.

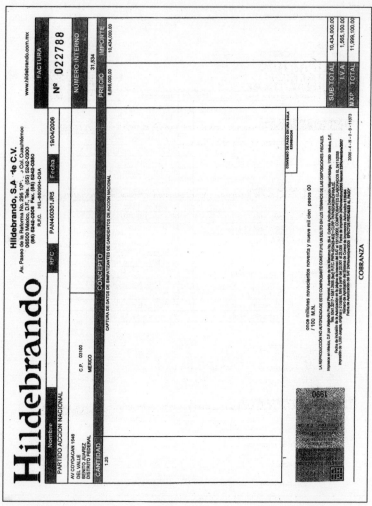

DOCUMENTO 2. Factura expedida por la compañía de Hildebrando Zavala, cuñado de Felipe Calderón Hinojosa, el 19 de abril de 2006. El concepto que anota el documento es categórico: "Captura de datos de simpatizantes de candidatos de Acción Nacional". El total: 11 millones 999 mil 100 pesos.

10252

PARTIDO ACCIÓN NACIONAL
COMITÉ EJECUTIVO NACIONAL

SOLICITUD DE CHEQUE
Dirección General de Administración y Finanzas

Datos

Fecha: 26/04/06

Nombre: ING. JORGE ARTURO MANZANERA QUINTANA

Secretaría:

Dirección:

Datos del Cheque

Cantidad: $ 11,999,100.00 (Once millones novecientos noventa y nueve mil cien pesos 00/100 M.N.)

A favor de: HILDEBRANDO, S.A. DE C.V.

Concepto: CAPTURA DE DATOS

Factura o comprobante No.: 022751 ☑ Original ☐ Copia

Contrato ☐ Sí ☐ No

Con cargo a: DIA "D"

Observaciones:

ING. JORGE A. MANZANERA
Solicita

ARTURO GARCIA PORTILLO
Autoriza

Dirección Gral Admon.
y Finanzas

Actividades Específicas

Nombre del evento:

☐ Tareas editoriales

☐ Estudios

☐ Capacitación

DOCUMENTO 3. Documento de la Dirección General de Administración y Finanzas del PAN, fechado el 26 de abril de 2006, donde se suscribe al ingeniero Jorge Arturo Manzanera Quintana como solicitante de un cheque por la cantidad de 11 millones 999 mil 100 pesos, que se extendería a favor de Hildebrando, S. A, de C. V.

ANEXO 2

GERMÁN MARTÍNEZ CÁZARES
PRESIDENTE NACIONAL

México D.F. abril 21 de 2009.

Manuel Espino Barrientos
Presente

Manuel:

Recibí tu mensaje del día de ayer en el que anexas copia
de una factura acompañada de una amenaza. Como bien
sabes el gasto que ampara esa factura se efectuó
durante tu presidencia y está ejecutado por quien fuera tu
tesorero, miembro hoy del Comité Ejecutivo Nacional y
actual candidato a diputado por la vía plurinominal.

Como podrás entender –en tu calidad de ex presidente–
el Presidente del PAN no puede, ni debe estar sujeto a
ningún tipo de amenaza, ya sea por parte de sus
militantes o de sus adversarios.

Respecto de la reunión que solicitas, te comento que con
motivo de tu mensaje, el único encuentro posible entre
nosotros, se dará en las reuniones de CEN, teniendo a
los integrantes de ese Comité como testigos de calidad.

Sin más por el momento

Misiva de Germán Martínez Cázares dirigida a Manuel Espino. El
21 de abril de 2009, el entonces presidente del PAN le responde a Espino un mensaje que éste le había enviado el 20 de abril de 2009,
donde le solicita tener una junta de manera urgente para detener la
divulgación de documentos relacionados con Hildebrando. Martínez Cázares le aclara que solamente podrán verse en el marco de las
reuniones del CEN, con los integrantes de ese comité como testigos
de calidad.

ANEXO 3

Documentos de la Secretaría de la Reforma Agraria. En primer lugar, se exhibe la convocatoria de esa dependencia para que los grupos beneficiados en 2008 con recursos de los programas Fappa y Promusag acudieran a un taller de capacitación; en todos los casos, Edmundo Cervín aparece como "guía CASS" de la SRA. En segundo lugar, se expone una lista de asistencia a dicha capacitación de los miembros de los grupos favorecidos. Por último, se presenta un archivo electrónico de la SRA donde se consignan los descripciones de los proyectos y los montos con los que serían beneficiados.

La Secretaría de la Reforma Agraria

CONVOCA

A los grupos que en _2008_ fueron beneficiados con recursos de los programas FAPPA y Promusag a participar en el taller:

[✓] Curso Básico de Capacitación   [ ] Talleres de Calidad de Vida

[ ] Taller de Acompañamiento para el Diagnóstico   [ ] Talleres de Orientación Técnica

Que será impartido a fin de promover el desarrollo integral en el campo e impulsar el avance regional en zonas indígenas, estimulando el crecimiento de cadenas productivas para mejorar las condiciones de vida en los pueblos y sus habitantes.

Indique en recuadro el programa por el cual es usted beneficiario (a)

FAPPA [ ]   Promusag [✗]

Nombre del grupo _Xochimilcas Emprendedoras_

Nombre completo del (la) integrante del grupo _Ma. Alejandra Velasco Ávila_

Cargo dentro del grupo _Presidenta_

Teléfonos ( ) _5640 1019_

Correo electrónico (en su caso) _papila@hotmail.com_

Estado _D.F._   Municipio _Xochimilco_

Nombre completo del (la) responsable por la SRA (Guía CASS) _Edmundo Cequín_

Fecha de capacitación _25-nov._   Hora _10:00_

Sede _SRA- Auditorio UCA_

* Es obligatorio la participación de todos los (as) miembros del grupo beneficiado.

SRA _Velasco Ávila Ma Alejandra_

DOCUMENTO 1. Expediente de Xochimilcas Emprendedoras.

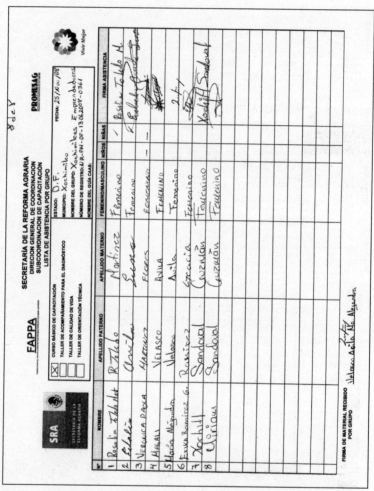

8 de 8

FAPPA

SECRETARÍA DE LA REFORMA AGRARIA
DIRECCIÓN GENERAL DE COORDINACIÓN
SUBCOORDINACIÓN DE CAPACITACIÓN
LISTA DE ASISTENCIA POR GRUPO

PROMUSAG

Vivir Mejor

	CURSO BÁSICO DE CAPACITACIÓN
X	
	TALLER DE ACOMPAÑAMIENTO PARA EL DIAGNÓSTICO
	TALLER DE CALIDAD DE VIDA
	TALLER DE ORIENTACIÓN TÉCNICA

ESTADO: D.F.
MUNICIPIO: Xochimilco
NOMBRE DEL GRUPO: Xochimilcas Emprendedoras
NÚMERO DE REGISTRO: NR-PH-DF-13.06.2009-0361
NOMBRE DEL GUÍA CAAS:
FECHA: 25/06/08

Nº	NOMBRE	APELLIDO PATERNO	APELLIDO MATERNO	FEMENINO/MASCULINO	NIÑOS	NIÑAS	FIRMA ASISTENCIA
1	Rosalia Edith Mat	Robledo	Martinez	Femenino			Rosa Toledo M.
2	Eulalia	Anita	Suasu	Femenino			Eulalia Anita Suasu
3	Verónica Paxa	Martinez	Flores	Femenino			
4	Mirian	Velasco	Avila	Femenino	1		
5	María Alejandra	Velasco	Avila	Femenino			2 hij
6	Erica Ramírez G.	Ramírez	Gracia	Femenino			
7	Xochitl	Sandoval	Guzmán	Femenino			Xochitl Sandoval
8	Verónica	Sandoval	Guzmán	Femenino			

FIRMA DE MATERIAL RECIBIDO POR GRUPO: Velasco Avila Ma. Alejandra

Documento 1 (continuación).

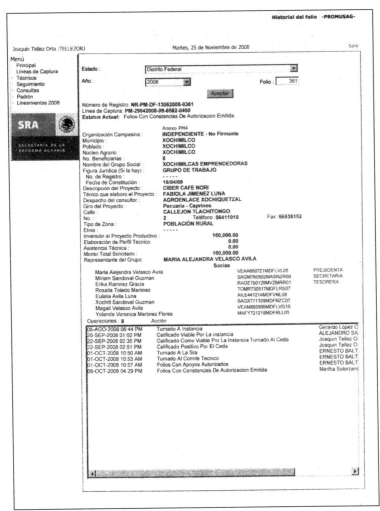

DOCUMENTO 1 (continuación).

La Secretaría de la Reforma Agraria

CONVOCA

A los grupos que en _2008_ fueron beneficiados con recursos de los programas FAPPA y Promusag a participar en el taller:

☑ Curso Básico de Capacitación   ☐ Talleres de Calidad de Vida

☐ Taller de Acompañamiento para el Diagnóstico   ☐ Talleres de Orientación Técnica

Que será impartido a fin de promover el desarrollo integral en el campo e impulsar el avance regional en zonas indígenas, estimulando el crecimiento de cadenas productivas para mejorar las condiciones de vida en los pueblos y sus habitantes.

Indique en recuadro el programa por el cual es usted beneficiario (a)

FAPPA ☐   Promusag ☑

Nombre del grupo _Canal Nacional_

Nombre completo del (la) integrante del grupo _Ma. Victoria García Gómez_

Cargo dentro del grupo _Presidenta_

Teléfonos ( ) _5843 7113_   Celular _04455 3388 1926_

Correo electrónico (en su caso) _____

Estado _D.F._   Municipio _Xochimilco_

Nombre completo del (la) responsable por la SRA (Guía CASS) _Eduardo Cervín A._

Fecha de capacitación _20 - Nov._   Hora _10:00_

Sede _SRA - Auditorio UCA_

* Es obligatorio la participación de todos los (as) miembros del grupo beneficiado.

SRA

Documento 2. Expediente de Canal Nacional.

ANEXO 3

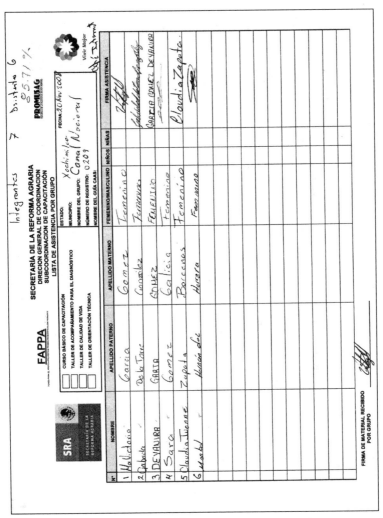

DOCUMENTO 2 (continuación).

119

ANEXO 3

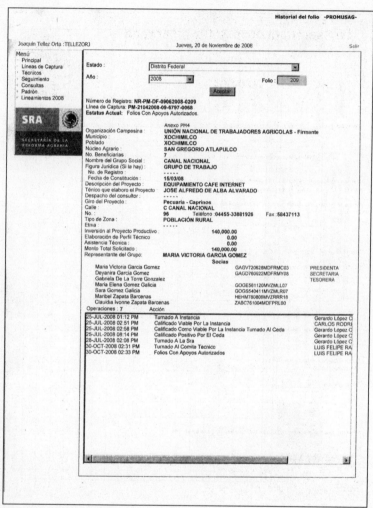

Documento 2 (continuación).

La Secretaría de la Reforma Agraria

CONVOCA

A los grupos que en 2008 fueron beneficiados con recursos de los programas FAPPA y Promusag a participar en el taller:

☑ Curso Básico de Capacitación   ☐ Talleres de Calidad de Vida

☐ Taller de Acompañamiento para el Diagnóstico   ☐ Talleres de Orientación Técnica

Que será impartido a fin de promover el desarrollo integral en el campo e impulsar el avance regional en zonas indígenas, estimulando el crecimiento de cadenas productivas para mejorar las condiciones de vida en los pueblos y sus habitantes.

Indique en recuadro el programa por el cual es usted beneficiario (a)

FAPPA ☐   Promusag ☑

Nombre del grupo _Mujeres Emprendedoras_

Nombre completo del (la) integrante del grupo _Irene Sicilia Aedio_

Cargo dentro del grupo _Presidenta_

Teléfonos ( ) _2594 1494_   _5974 2957_

Correo electrónico (en su caso) _____

Estado _D.F._   Municipio _Xochimilco_

Nombre completo del (la) responsable por la SRA (Guía CASS) _Edmundo Cervin D._

Fecha de capacitación _20-Nov._   Hora _10.00_

Sede _SRA - Auditorio UCA_

* Es obligatorio la participación de todos los (as) miembros del grupo beneficiado.

SRA

DOCUMENTO 3. Expediente Mujeres Emprendedoras.

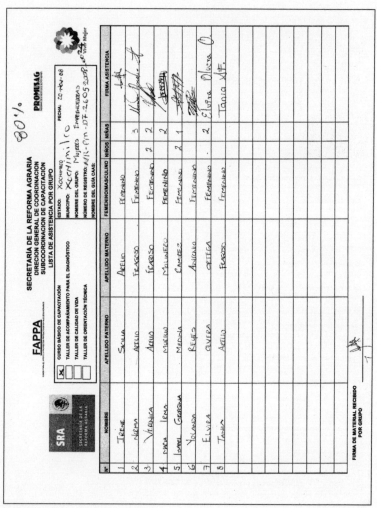

DOCUMENTO 3 (continuación).

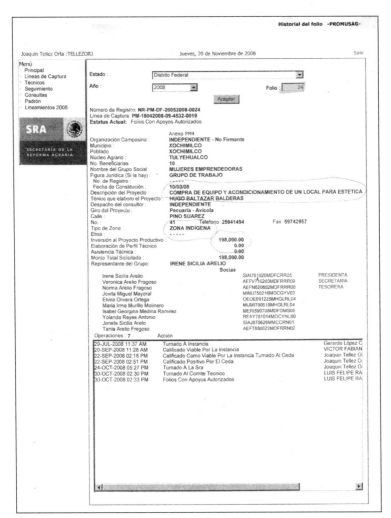

Documento 3 (continuación).

La Secretaría de la Reforma Agraria

CONVOCA

A los grupos que en 2008 fueron beneficiados con recursos de los programas FAPPA y Promusag a participar en el taller:

[X] Curso Básico de Capacitación   [ ] Talleres de Calidad de Vida

[ ] Taller de Acompañamiento para el Diagnóstico   [ ] Talleres de Orientación Técnica

Que será impartido a fin de promover el desarrollo integral en el campo e impulsar el avance regional en zonas indígenas, estimulando el crecimiento de cadenas productivas para mejorar las condiciones de vida en los pueblos y sus habitantes.

Indique en recuadro el programa por el cual es usted beneficiario (a)

FAPPA [X]   Promusag [ ]

Nombre del grupo _Invernadero San Luis Tlaxialtemalco._

Nombre completo del (la) integrante del grupo _Horacio Espinosa Cruz._

Cargo dentro del grupo _Presidente._

Teléfonos ( ) _0445529600274 ó 0445534758791._

Correo electrónico (en su caso) _____

Estado _D.F_   Municipio _Xochimilco._

Nombre completo del (la) responsable por la SRA (Guía CASS) _Edmundo Cervín Ayala._

Fecha de capacitación _28-XI-2008_ Hora _18:00 hrs._

Sede _SRA- Auditorio UCA._

* Es obligatorio la participación de todos los (as) miembros del grupo beneficiado.

SRA

Horacio Espinosa Cruz

Documento 4. Expediente del Invernadero San Luis Tlaxialtemalco.

N°	NOMBRE	APELLIDO PATERNO	APELLIDO MATERNO	FEMENINO/MASCULINO	NIÑOS	NIÑAS	FIRMA/ASISTENCIA
1	Horacio	Espinosa	Cruz	M			
2	Fernando	Juárez	Cruz	M			
3	Luis	Flores	Hinojosa	M			
4	Eduardo	Jiménez	Xolalpa Bautista	M			
5	Pablo	Jiménez	Barrera	M			Pablo Jiménez Barrera
6	Jorge	Sierra de	Xolalpa	M			
7	Nayeli	Romualdo	Xolalpa	F			
8	Noé	Hernández	Xolalpa	M			
9	Naribel	Barrera	Medina	F			
10	José Luis	Serralde	Xolalpa	M			
11	Eleazar	Xolalpa	Aguilar	F			Eleazar Xolalpa A.
12	Cristóbal	Henríquez Lechuga	Lechuga	M			O.R.K.
13	Oscar	Romualdo	Xolalpa				O.R.K.
14	Jonathan	Luna	Espinosa	M			
15	Carmen Álvaro	Martínez	Cabello	F			
16	Fernando	Jiménez	Medina	M			

FIRMA DE MATERIAL RECIBIDO POR GRUPO

12 - HOMBRES
4 - MUJERES

Documento 4 (continuación).

Historial del folio -FAPPA-

Vienen a Curso Hoy

Joaquin Tellez Orta :TELLEZORJ   Lunes, 01 de Diciembre de 2008   Salir

Menú
Principal
Lineas de Captura
Seguimiento
Técnicos
Consultas
Padrón
Lineamientos 2008

SRA

SECRETARÍA DE LA
REFORMA AGRARIA

Estado :   Distrito Federal

Año :   2008   Folio :   120

Aceptar

Número de Registro: NR-FP-DF-20052008-0120
Línea de Captura: FP-13042008-09-9924-0089
Ultima vez actualizado Datos Generales: 13/10/2008 RODRIGO ALANIS GARCIA RALANISG
Ultima vez actualizado Socios: 24/06/2008 CAPTURISTA7 XXXXX XXXX CAP25457
Estatus Actual: Folios Con Constancias De Autorizacion Emitida.

Organización Campesina :   **INDEPENDIENTE - No Firmante**
Municipio :   **XOCHIMILCO**
Poblado :   **SIN NOMBRE**
Núcleo Agrario :   - - - - -
Nombre de la Figura Asociativa   **INVERNADERO SAN LUIS TLAXIALTEMALCO S.C. DE R.L. DE C.V.**
Fecha de Constitución del Grupo: **13/04/2008**
Representante del Grupo: **HORACIO ESPINOSA CRUZ**
Domicilio: ...
Figura Asociativa: **SOCIEDAD COOPERATIVA DE RESPONSABILIDAD ILIMITADA**
RFC: **ISL080409K67**
Técnico que elaboró el Proyecto: **MARIA DE LOURDES ZAVALA GONZALEZ**
Despacho del consultor: ...
Empleos generados: **16**
Utilidad promedio del proyecto para los primeros 10 años: **$-1.00**
Monto solicitado al programa para el proyecto: **$402,230.30**
Aportación de bienes e instalaciones básicas o efectivo para el desarrollo del proyecto:
        INFRAESTRUCRURA, MAQUINARIA , EQUIPO Y DIFERIDOS
        Monto de la aportación de bienes: **-1.00**
Cuenta con acceso a asesoría técnica: **NO**
Cuenta con experiencia y habilidades: **NO**
¿Han contado con apoyos del gobierno federal para los mismos fines?**NO**
        Programa: - - - - - Año:- - - - -
No. de integrantes del grupo y su genero: H: 13   M: 3   Total: 16
No. de integrantes del grupo que pertenezcan a alguna etnia y su genero: H: 0   M: 0   Total: 0
        Etnia: - - - - -
¿El proyecto esta ubicado en una zona indigena? **NO**
Giro del Proyecto :
Descripción del Proyecto: **INVERNADERO SAN LUIS TLAXIALTEMALCO**
El proyecto: **NO AFECTA NI PERJUDICA**
Integrantes del grupo con algún tipo de discapacidad: H: 0   M: 0   Total: 0
        Discapacidad: - - - - -
Hijos discapacitados de los integrantes del grupo: H: 0   M: 0   Total: 0
        Discapacidad: - - - - -
Mujeres que son jefas de familia : 3

                                        Socios

        Horacio Espinosa Cruz   EICH770512HDFSRRR05   PRESIDENTE
        Fernando Jimenez Cruz   JICF790916HMCMRR00   SECRETARIO
        Luis Flores Mancera   FOML520831HDFLNS04   TESORERO
        Fernando Jimenez Medina   JIMF490605HDFMDR08
        Carmen Aurora Matinez Cabello   MACC770103MDFRBR00
        Jorge Serralde Xolalpa   SEXJ610120HDFRLR06
        Jose Luis Serralde Xolalpa   SEXL870830HDFRLS02
        Nayeli Rumualdo Xolalpa   ROXN731023HDFMLY00
        Oscar Rumualdo Xolalpa   ROXO660202HDFMLS02
        Jonathan Luna Espinosa   LUEJ670222HDFNSN06
        Noe Hernandez Xolalpa   HEXN680914HDFRLX01
        Maribel Barrera Medina   BEMM700616MDFRDR17
        Eduardo Jimenez Xolalpa   JIXE800405HDFMLD07
        Eleazar Xolalpa Aguilar   XOAE610417MDFLGL00
        Pablo Jimenez Barrera   JIBP591111HDFMRB05
        Esteban Hernandez Lechuga   HELE471128HPLRCS09
Operaciones : 10   Acción

28-JUL-2008 05:58 PM   Turnado A Instancia   Gerardo López C
22-SEP-2008 09:55 AM   Calificado Viable Por La Instancia   ALEJANDRO SA
22-SEP-2008 04:24 PM   Calificado Como Viable Por La Instancia Turnado Al Ceda   Joaquin Tellez O
22-SEP-2008 06:50 PM   Calificado Positivo Por El Ceda   Joaquin Tellez O
01-OCT-2008 09:20 AM   Turnado A La Sra   LUIS FELIPE RA
01-OCT-2008 09:21 AM   Turnado Al Comite Tecnico   LUIS FELIPE RA
01-OCT-2008 09:21 AM   Folios Con Apoyos Autorizados   LUIS FELIPE RA
08-OCT-2008 06:01 PM   Folios Con Constancias De Autorizacion Emitida   Maria Concepcio

DOCUMENTO 4 (continuación).

Documento 5. Ejemplos de formatos donde se evaluaban los cursos impartidos por los guías CAAS (*sic*) de la SRA. Los participantes, reales o imaginarios, debían evaluar la capacitación recibida contestando seis preguntas básicas.

Calderón de cuerpo entero, de Julio Scherer García
se terminó de imprimir en febrero de 2012
en Quad/Graphics Querétaro, S. A. de C. V.,
Fracc. Agro Industrial La Cruz El Marqués
Querétaro, México.